미래의 시대, 인문학이 말하다

새로운 길의 모색

4 quarante 四十 よんじゅう forty 마흔 cuarenta сорок

COLLEGE OF FOREIGN LANGUAGE & LITERATURE

경희대학교 외국어대학 설립 40주년 기념 도서

미래의 시대, 인문학이 말하다

| 새로운 길의 모색 |

FOR
THE FORTHCOMING
DAYS
THE HUMANITIES
SPEAK OUT

이화형 김동현 박찬욱 신명아 이선웅 이수연 이재훈 이창수 이택광 이해미

경희대학교 출판문화원

발간사

작년인 2020년과 올해는 코로나바이러스라는 이름으로 점철된 해입니다. 이는 인류 전체에게 전염병의 위험성을 다시 한번 각인한 엄청난 사태였습니다. 누구나 현 사태를 묵인할 수도, 남의 일처럼 방관할 수도 없습니다. 지구상의 문제가 바로 나의 문제가 되어서, 지구인 전체가 절체절명의 위기의식을 갖게 되었습니다.

하지만 위기의 시대는 미래를 예견하며 대비하게 하는 기회의 시대이기도 합니다. 코로나 사태는 인류의 과오를 절실히 느끼게 함과 동시에 그 과오를 반성하고 인류애를 발휘하여 새로운 미래를 설계할 기회를 주고 있습니다. 인류의 미래가 여전히 희망적일 수 있는 것은 이러한 위기 시대를 극복하는 인간의 지혜가 여전히 작동하기 때문입니다.

이러한 맥락에서 여기 《위기의 시대, 인문학이 답하다》《미래의 시대, 인문학이 말하다》라는 도서를 출간하게 되었습니다. 이 책들은 '경희대학교 외국어대학 설립 40주년'을 맞이해서 뜻깊은 프로그램을 설계하는 가운데 기획되었습니다. 사실 갑작스럽게 닥쳐온 팬데믹 상황에서 인문학을 가르치고 연구하는 외국어대학에서는 과연 어떤 역할을 할 수 있겠는가 하는 고민이 있었습니다. 그래서 이처럼 위기의 시대 과거의 현인이나 문인은 어떠한 지혜로운 메시지를 남기고 있는지에 대한 관련 전공자들의 글을 모아 보았습니다. 그리고 위기에 처한 현 사회에서 인문학이 기여할 수 있는 부분을 찾아보게 되었습니다. 두 권의 제목에 명시된 것처럼, 도서에 실린 글들은 지난해 코로나 사태를 목도하며 외국어대학에서 인문학을 전공하는 저자들이 현재의 난관을 극복하려는 의지를 표현하고 있습니다.

제1권 《위기의 시대, 인문학이 답하다》에서는 코로나19 팬데믹과 같은 위기 시대를 살아갈 때 우리가 과연 어떠한 지혜를 발휘할 수 있겠는가 하는 물음에 답을 하고 있습니다. 영국 소설가 대니얼 디포에서부터 라틴아메리카 문학이나 일본의 코로나 소설에 이르기까지 동서양을 망라해서 세계의 문인과 예술가가 위기 상황을 직시하고 대처하는 지혜들을 소개하고 있습니다. 또한 제2권 《미래의 시대, 인문학이 말하다》는 위기의 시대 너머 미래를 준비하는 우리에게 인문학은 과연 어떠한 방향과 지침을 줄 수 있는가 하는 물음에 대한 답입니다. 문학, 철학, 언어학, 교육학, 윤리학 등 다양한 인문학적 사유들이 우리에게 위기를 극복하는 지혜를 줄 뿐만 아니라 더 나아가 미래를 예견하고 미리 대비하는 혜안까지 제시합니다.

외국어대학 설립 40주년을 기념하며 기획된 대중서적 발간을 위해 수고해주신 편찬위원장 김기국 교수님을 비롯하여 편찬위원 황수현, 손지연, 박찬욱 교수님께 깊은 감사의 마음을 전합니다. 그리고 본 대중서적의 출간을 흔쾌히 허락해주신 경희대학교 출판문화원에 다시 한번 감사의 말씀을 드립니다. 무엇보다도 발간의 취지를 이해하고 동참하여 소중한 글들을 보내주신 집필진 여러분께 감사드립니다. 끝으로 이 두 권의 책이 코로나로 인해 답답한 나날을 보내는 일반 독자들에게 위로를 주고 용기를 심어줄 수 있기를 기대합니다.

2021년 6월

외국어대학장 이경래

목차

3부

철학, 현대사회를 말하다

1부

미래 교육을 말하다

코로나 시대, 교육의 현장에서

박찬욱

익숙하지 않은 바이러스의 유행으로 사회 전반에 걸쳐 급격한 변화가 일어났다. 어느 분야에서나 적자(適者)가 되기 위해 변화 속에서도 생존의 절박함을 안고 노력 중이다. 교육 분야 역시 예외는 아니다. 다만 여기서는 그에 관한 거시 담론을 논하는 데 목적을 두지 않는다. 어제와 오늘의 내 일상에서 그리고 교육의 현장에서 인식한 바를 경험에 기초하여 짧게 논해보고자 한다.

21세기라는 경계선

실질적인 20세기가 1900년을 기점으로 시작되지 않았듯, 21

세기도 2000년을 기점으로 시작되지는 않았다. 1999년에서 2000년으로 넘어가던 순간을 회고해보면, '째깍'하는 동시에 20세기에서 21세기로 급격한 사회변화가 일어날 것이라고 예측했던 사람은 없다. 다만 겪어보지 못한 '밀레니엄버그'로 초래될 혼란에 대해서는 우려하고 있었다. 자고 나니 세기가 바뀌어 있었지만, 일상은 전날과 달라진 것이 없었다. 21세기의 오늘은 어제와 같았고 내일도 오늘과 같을 것이란 믿음에 기대어 일상을 살아왔다. 그렇게 20년. 우리는 코로나19라는 비(非)생물에 의해 예기치 않은 일상의 양질전화(量質轉化)를 겪었다. 전화(轉化)는 여전히 진행 중이고 그 속에서 우리는 경험해보지 못한 일상을 살아내고 있다.

언컨택트(uncontact). 또는 줄여서 언택트. 코로나19에 의한 변화를 집약적으로 보여주는 말이다. 바이러스는 우리의 관계와 일상이 얼마나 촘촘히 연결되어 있는지 새삼 깨닫게 해주었다. SNS에서는 만나본 적 없고 만나볼 계획도 없는 사람들 간에 국적과 신분을 초월한 소통이 이뤄진다. 취향이 맞으면 친구맺기는 물론 지속적인 관계 유지도 가능하다. 이른바 '느슨한 연대'(김용섭, 238)다. 그저 관심사에 따라 어디에 있든지 연대가 가능해졌다.

바이러스는 또한 우리의 물리적 일상이 얼마나 이원화될 수 있는지를 깨닫게 해주었다. 통신기술에 힘입어 어디서나 생산물을 만들어낸다는 '디지털 노마드(Digital Nomad)'는 우리에게 이미 익숙한 용어다. 그런데 이는 흔히 개인을 지칭하던 말이었지

일정 집단 전체가 공간에 의지하지 않고 생산물을 만들어낸다는 말이 아니었다. 그런데 이제 재택근무란 말이 더는 생소하지 않고, 회사이지만 사무실이 없다고 해도 놀랍지 않다. 교실 없는 교육이 구현될 수 있다는 것을 몸소 경험한 데서 비롯된 인식의 변화다. 그것도 단 반년 만에.

코로나바이러스는 제4차산업혁명의 도래를 알려주지 않았다. 그보다는 제3차산업혁명의 결과물들을 이제야 몸으로, 온 일상에서 느끼고 깨닫게 해주었다. '정보기술이라는 것이, 연결되어 있다는 것이, 현실과 가상 간 경계가 사라지고 있다는 것이 바로 이런 것이었구나!' 하고 말이다. 변화에 무디고 시대에 뒤처진 사람이라고 혹여 타박을 받을지도 모르겠다. 인공지능(Artificial Intelligence, AI), 빅데이터, 사물인터넷 등에 힘입어 정보화가 '연결'이 '초연결'로 지금보다 더 빠르게 진행될 것이라는 데 이견이 없다. 하지만 '-혁명'은 그로 인한 여파를 가늠하여 사후에 판단할 일이지 사전에 규정지어 부를 수 있는 이름이 아니다. 이에 '제4차산업혁명'이라는 이름의 유행과 강조는 다분히 기술의 발달 속도에만 초점이 맞춰져 있다고 생각한다.

일상과 사회 전반에 걸친 변화를 온전하게 깨달을 수 있을 때 '-혁명'이란 경계선을 그을 수 있다. 과거와 다른 경험과 인식의 실질적 변화가 일고 있는 지금에야 비로소 21세기란 경계선을 그을 수 있지 않을까. 물리적인 시간 축에 21세기란 경계선은 명확하다. 하지만 바이러스의 유행을 중심으로 해서 변해버린 전과 후는, 지난 20년 동안은 20세기의 관성을 유지해온 시간 아니었을까 생각하게 한다. 발달된 기술은 계속 누리고 몸은 21세기 살고 있어도, 세계를 바라보는 관점과 가치관, 태도나 인식 등은 여전히 관성에 기초해 20세기에서 벗어나지 못했던 것은 아닌가 말이다. 적어도 교육은 그 경계선 언저리에 정확하게 걸려 있다고 본다.

코딩 로봇과의 소통

코로나바이러스는 우리에게 평범하던 일상이 평범한 것이 아니었을 수도 있음을 깨닫게 했다. 살을 맞대는 것은 고사하고 같이 마주하고 이야기 나누는 것도, 또 함께 밥을 먹는 것도 위험할 수 있다는 경고에 가족과 뒹굴던 어제의 일상이 새삼스럽게 다가온다. 또 한편으로 가족은 종일 같은 공간에 있기에는 그다지 적합한 구성원이 아닐 수도 있음을, 그런데도 살을 맞대고 이야기 나누고 또 밥을 먹는 '위험'을 기꺼이 감수하는 운명공동체임을 새삼 깨닫는 중이다.

그렇게 새삼스러움을 느끼던 중 아이의 생일이 돌아왔다. 함께 있는 시간이 많아지면서 아빠의 존재감이 커졌다. 그리고 존재감에 상응하여 장난감 선물의 가격도 상승했다. 갖고 싶어한 장난감은 며칠 뒤 도착했다. 문밖에서 자가 검역을 마치고 풀어본 장난감은 로봇팔. 컨베이어벨트에서 인간의 노동을 대신해온 산업용 로봇팔 모형이다. "아빠 같이해요."라는 말에 '만드는 것? 뭐 어렵지 않지.'라고 생각하며 "그래, 같이하자."라고 했다. 오랜만에 접한 조립식 장난감에 설렌 건 아빠였다. 몇 시간 후 "다 됐다!" 하며 서로 기뻐했다. 이제 건전지를 넣고 조이스틱만 움직이면 됐다. '잘될까? 아들과 함께 한 건데….'

그런데 로봇팔은 작동할 생각을 하지 않았다. 무엇이 문제였을까? 설명 영상을 다시 뒤져 보았다. '앗, 이런!' 로봇팔은 프로그래밍된 채 출시된 장난감이 아니었다. 로봇팔을 움직이려면 로봇팔이 인식하는 명령어를 입력해주어야 했다. 이른바 코딩 로봇. '조립하는 것이 뭐 어렵겠나?'로 시작했던 아빠의 과제는 이제부터였다. "잠깐만 기다려. 움직이게 해줄게." 아이를 달래가며 별것 아닌 듯 아빠로서의 체면을 지키고 싶었다. 하지만 난생처음 코딩을 접한 나는, 아이가 아빠의 능력에 대한 의심을 거두지 못하고 잠든 후에야 비로소 로봇을 움직이게 할 수 있었다.

아이와 아빠가 같이 뭔가를 만들어내는 일은 예나 지금이나 정겨운 일상의 단면이다. 그런데 그 소소한 일상에서 느낀 나의 격세지감은 실로 컸다. 돌이켜보면, 과거 아빠가 아이를 거들어주어야 할 이유는 주로 '힘'의 차이에 있었다. 하드웨어를 조립하는 데 부족한 물리력을 보태면 무언가를 아이와 함께 만들 수 있고 그게 다였다. 소프트웨어는 실려온 하드웨어 내부에 함께 장착되어 있고 '조립하면 끝'이었다. 조립식 모형에 대한 아빠 세대의 전형은 거기까지다.

아이 세대에서는 '조립하면 끝'이 아니다. '채워야 끝'이다. 하드웨어를 조립하는 건 당연히 그것을 갖고 놀 사람의 몫이지만, 움직이게 할 소프트웨어 역시 이제 우리 몫이다. 생산자가 제공하는 매뉴얼은 '이렇게 인풋(input)을 넣으면, 이렇게 아웃풋(output)을 낸다'라는 두세 가지 기능에 대한 본보기에 불과하다. 그것이 가진 기능의 수, 즉 로봇팔의 진정한 작업 능력은 이제 소비자가 얼마나 코딩을 잘하는가에 달려 있다. 물리력에 기반한 과거 개념의 조립만으로는 '장난할 수 있는 감'을 갖지 못한다. 내 뜻대로 움직이게 하려면, 즉 장난할 수 있으려면 그것과 소통할 언어를 알아야 한다. 소비자가 그 소통에 능란하면 할수록 장난감은 더이상 생산자의 방식이 아닌 소비자의 방식에 기대어 움직인다. '장난(作亂)'이 변화했다.

지식의 평등과 교수법

장난감을 만드는 동안, 정확히 말하면 조립된 장난감을 움직이도록 코드를 넣어주는 동안 사실 아빠로서보다는 교육자로서 깊은 고민에 빠졌다. 이 같은 장난감을 갖고 논 세대들이 10여 년 후 내가 대면할 학생들이라니…. 무엇보다 장난감이 주는 메시지가 분명했다. '재료가 주어졌다. 어떻게 움직이게 할 것인가는 이제 네가 할 일이다.' 이를 내 자신의 영역으로 가지고 와서 풀어보면, '지식을 찾으려면 얼마든지 찾을 수 있다. 주어진 문제를 어떻게 해결하는가가 포인트'였다. 이는 곧 교수법 관련 도서들이나 영상 등에서 쉽게 접할 수 있는 '자기주도' '문제해결' '과제중심'의 부상과 동일선상에 있다.

'자기주도' '문제해결' 등은 교수법의 일종이다. 그 방법이 모든 영역과 학습자에게 유효할 수는 없다. 하지만 '관련 지식은 네가 찾으라'라는 메시지는 모두에게 적용될 뿐만 아니라, 특히 교수자에게 함의하는 바가 크다. 전문가는 일정 분야에 관해 많은 정보나 숙련된 기술을 가진 사람을 가리킨다. 과거 그 분야에서 힘을 갖고 지위를 보장받을 수 있었던 것은 관련 지식과 기술이 독보적이고 풍부하기 때문이었다.

그런데 지금은 어떤가. 개인이 가질 수 있는 지식과 경험에는 필연적으로 양적 한계가 존재할 수밖에 없다. 반면에 웹상에 있는 지식은 한계를 초월해 있다. 웹상의 지식이 전문가가 제공한 것인가의 여부는 그다지 중요하지 않다. 학위 취득자가 아니어도, 각 영역별로 이른바 덕후들이 집단지성을 발휘하기 때문이다. 위키피디아의 정확성이 브리태니커 백과사전에 크게 뒤지지 않는다는 《네이처(Nature)》의 조사 결과도 있다(Giles, 900-901). 더군다나 소수에게 집중되었던 접근 권한이 이제는 누구에게나 개방되어 있다. 전문가도, 비전문가도 모두 웹에서 정보를 얻는 시대다. 이 지점에서 교수자와 학습자 간 지위 차이는 무의미해졌다. 뿐만이 아니다. 인공지능 교사의 출현으로, 생산된 지식을 받아들이고 적용하는 속도 면에서도 개인이 가진 한계가 더욱 분명해질 것으로 내다본다.

> 인공지능 교사는 지금 이 순간에도 전 세계에서 만들어지고 있는 최신 지식들은 물론이고, 전 세계에서 발표되고 있는 교육 논문들과 교수법들과 교육 사례들을 실시간으로 학습하면서 자신을 계속 업그레이드해나가고 있다. 여기에 더해 학생 개개인의 성향을 파악하고 거기에 맞춰 교과 지도와 학습 상담을 하고 교우 관계를 지도하고 자립성과 협동심을 길러주고 사회성을 향상시켜주는 등의 능력 또한 지속적으로 업그레이드하고 있다. 한마디로 인공지능 교사는 가장 이상적인 교사이자 가장 완벽한 교사의 길을 가고 있다.[01]

인공지능 교사가 있다면 인공지능 교수는 없을까. 교수는 가르침을 주는, 즉 자신이 가진 지식과 기술을 후학에게 전하는 사람이다. 이 같은 정의가 고루할 수 있다. 하지만 아이러니하게도 교수는 교수가 되기까지 이론적으로나 실천적으로 교수법을 배우지 않는다. 기회도 없고 겨를도 없다. 그저 자신의 강의 과정에서 부딪히는 문제를 해결하는 데 집중하고 그것이 한 해, 두 해 쌓이면 경륜이 된다. 이 과정에서 교수법의 중요성은 대두되기도

01 이지성, 《에이트》, 차이정원, 2019, 109-110쪽.

전에 익힌다. 교수법은 그렇게 늘 개인이 해결할 영역으로 남겨져 왔다. 그래서 어떻게 가르칠 것인가보다는 무엇을 가르칠 것인가에 초점이 맞춰졌고 가르침의 관심 역시 자연스럽게 사람보다 전공 영역에 고정되는 결과를 빚어왔다. 대내외적으로 전문성을 인정받는 교수여도 전달력이 미숙한 원인이 여기에 있다.

다행히 요즘 들어서는 대학마다 교수학습센터를 활발히 운영하며 교수법에 대한 기초 정보와 트렌드 등을 업데이트한다. 하지만 교수학습센터에서 제공되는 지식과 정보 등은 기본적으로 교육공학을 토대로 둔 규범적 성격을 띠는 경우가 많다. 그것이 곧바로 특정 전공 분야 교수자와 학습자에게 적용될 수 있는가는 별개의 문제다. 그렇다 보니 기관의 도움을 얻더라도 학습효과를 위한 교수법 고민은 결국 해당 전공, 해당 과목 담당자의 몫이 된다. 무엇을 가르칠 것인가에서 무엇을 어떻게 가르칠 것인가로, 우리의 교육은 여전히 과도기에 있다고 본다. 하지만 불행히도 지금의 시대 상황은 교수에게 무엇을 이용하여 가르칠 것인가라는, 또 하나의 요구 사항을 덧붙인다.

기술과 매체에 대한 이해

코로나바이러스로 인한 교육에서의 양질전화를 꼽는다면 정보통신 기술의 전면적인 활용을 꼽을 수 있다. 수업에서의 통신기술 이용은 어제 오늘의 일이 아니다. 블렌디드러닝(Blended

Learning)이나 플립러닝(Flipped Learning)에서는 녹화강의 제공을 정보기술에 의존해왔고 PBL(Problem/Project Based Learning)에서도 팀원 간 협업을 교내외 플랫폼이나 어플리케이션에 일정 부분 의지해왔다. 하지만 그것은 일부 교수자의 관심사였고 시도였지 교수 전체가 해야만 하는 일이 아니었다. 그러나 코로나19로 촉발된 비대면 상황은 교수 모두에게 정보기술의 활용을 요구하고 있다. 부득이한 상황에 등 떠밀려 준비 안 된 두 학기를 보냈지만, 비대면이 코로나19에 의해 장기화되고 기술 발달에 의해 일상화될 것을 감안하면 통신기술의 활용은 이미 교수에게 또 하나의 당면 과제다.

기술을 이용한 교육 방법을 궁리하다 보면 무크(MOOC, Massive Open Online Courses)에서 타인의 강의를 들을 수도 있고, 유튜브에서 개인 영상 제작을 위한 다양한 소스들을 접할 수도 있다. 또 다양한 강의를 여러 코스로 담아낸 칸아카데미(www.khanacademy.org) 등의 플랫폼과 미네르바(www.minerva.kgi.edu) 같은 혁신 대학도 볼 수 있다. 검색하면 할수록 다양한 기술의 신세계와 만난다. 더불어 '나도 저렇게 하면 좋겠다.' 라는 생각이 자연스럽게 든다. 하지만 현실적으로 몇 가지 문제에 봉착한다.

우선 제작 면에서, 개인 유튜브 저작물은 제외하더라도 기타 플랫폼 저작물은 기본적으로 영상 전문가의 결과물이다. 시작부터 가상의 공간을 염두에 두고 여러 장비를 갖춘 제작 환경에서 제작자의 도움 아래 만들어진 강의물이다. 강의자의 PPT 자료에만 기댄 것이 아닌 조명, 카메라, 배경음악, 편집, 코딩 등이 뒷받침된 결과이다. 온라인대학이 아닌 이상 일반 대학 교수들에게는 장비 입수부터 기술 조작에 이르기까지 모두 개인이 처리해야 할 일들로 남는다. 더 큰 문제는, 학습자가 전문가의 영상물 포맷에 익숙해 있다는 점이다. 지금의 학생들은 대학 입학 전부터 시청해온 자본에 바탕해 매끈하게 만들어진 인터넷 강의에 익숙하다. 개인 장비에 기대어 하루 종일 시행착오를 거쳐 만든 교수의 한 시간짜리 1인 영상에 만족할 리 없다. 대면수업에서는 제기되지 않던 수업의 질 저하 문제가 비대면 수업에서 제기된다. 그것은 이처럼 대면수업에 준비된 내용물이 비대면의 틀로 들어가며 발생한 부작용에 일정 부분 기인한다.

매체 면에서도 생각해보자. 이제 학습자는 지식을 실어내는 매체에 자유롭다. 궁금함을 해결하기 위한 지식의 탐색 경로를 텍스트라는 매체로 국한하지 않는다. 궁금하면 책도 찾고 유튜브도 켠다. '그게 어떻게 생긴 거지?'라며 이미지를 검색하고 '그게 어떤 분위기의 음악이지?'라며 곡을 검색한다. '어디에 있는 거지?' 할 때는 지도를 검색하고 '어떻게 만드는 거지?' 할 때는 영상을 검색한다. 책을 통해 세상의 지식을 탐독했던 과거와 달리 이미지, 음악, 그림, 지도, 영상 등이 그들에겐 모두 '책'이다. 무미건조한 활자에 기초해 이성적으로 지식에 접근하지 않고 비정형적 매체에 기초한 감성적 접근으로 지식을 구성한다. 그런 점에서 수업에도 텍스트 위주의 교재 말고도 다양한 매체가 동원되어야 한다.

수업 매체의 다양화는 문해력(literacy) 강화가 뒷받침되어야 한다. 다만 문해력의 정의는 수정될 필요가 있다. 기존의 문해력은 주로 읽고 쓰는 능력에 맞춰 정의되어왔다. 이는 지식의 주요 매체가 활자 텍스트일 때 가능했던 정의다. 그러나 이제는 텍스트를 포함한 여러 매체가 지식의 접근 경로를 이룬다. 또한 이미지와 음악, 음악과 영상, 음악과 영상과 텍스트 등이 각기 독립된 형태보다는 자주 결합된 형태로 존재한다. 그러므로 문해력도 현실과 가상세계의 매체를 통해 세상을 이해하는 힘으로 그 범위가 확장되어야 한다. 그래서 유네스코에서 이야기하듯이 그것이 "디지털의 세계, 텍스트의 세계, 정보의 세계, 빠르게 변화하는 세계 속에서 인식, 이해, 해석, 창조, 소통하는 도구(en.unesco.org/themes/literacy)"로 기능할 수 있도록 신경 쓸 필요가 있다. 무엇으로써 가르칠 것인가 하는 문제는 이렇듯 기술의 이용과 매체에 대한 이해 모두를 요구한다.

대학 강의의 경쟁력

90년대 후반에서 2000년대 초반 여러 대학이 학과를 학부로 전환한 적이 있다. 학문 간 경계를 넘어 다양한 전공 선택 기회를 부여한다는 취지였다. 하지만 그 후 10년을 전후해서 상당수 전공이 속속 학과로 전환된 것을 보면 학부제 시도는 성공하지 못했다고 봐야 한다. 그 이유 중 하나는 한국의 여건을 고려하지 않은 채 무리하게 서양의 학제를 도입했던 데 있다고 본다. 대학교육을 독립된 모듈로 본 결과이다. 제도 교육은 한국식인데, 대학교육만 서양식으로 바꿔보려 했던 것이다. 학부제가 성공하려면 모든 학생에게 학문 간 경계는 얼마든지 넘나들 수 있는 것이라는 인식이 입학 전부터 있어야 했다. 제도교육 과정에서부터 다양성의 가치와 융합의 가능성을 접했어야 했지만, 결과적으로 특정 전공 쏠림 현상을 빚었고 당초 취지와 달리 다양성을 담보할 수 없자 다시 학과제로 돌아오게 되었다.

세계 유수 대학이 인공지능 시대를 준비하면서 교육방법에 여러 변화를 주고 있다는 소식을 듣는다. 강의자료의 선제공과 오프라인 토론을 혼합한 플립러닝은 물론, 의대 수업인데 미술관을 가는 학교가 있다고도 한다(이지성, 224). 상호 토론도 좋고 정서를 읽기 위한 미술관 탐방도 좋다. 모두 좋은 방법이다. 그런데 그것이 한국에서 맞는가는 별개의 문제이다. 토론 경험이 많지 않은데 "토론하자!"라고 한다고 토론이 이루어지지는 않는다. 교육 공간의 전형을 교실로 둔 분위기 속에서 "길에서! 밖에서!"를 외친다고 신선하다는 피드백이 돌아올 가능성은 낮다.

비대면 상황이니 교실 수업 그대로를 온라인으로 갖고 오기보다는 온라인 환경에 맞는 양질의 수업 재설계가 필요하다는 데 동의한다. 비대면 상황이 해제되더라도 정보통신 기술의 가속화가 예견되니 조작 기술을 꾸준히 연마해야 한다는 데도 역시 동의한다. 하지만 대세에 밀려 콘텐츠의 화려함에 신경을 쏟다가 정작 대면이 허용되는 시기가 왔을 때 교수자와 학습자 사이에 학습 내용'만' 남을 것이 우려된다. 정작 내용에 앞선 상위 문제들인 '무엇을 위해 이 공부를 하는가' '(문리를 트기 위한) 공부를 어떻게 할 것인가' 등에 대해서는 논의하지 못하고 그 시기를 흘려보낼 수도 있다. '창의'에 대해 고려한 적 없이 창의적이어야 한다는 말, '융합'에 대해 고민한 적 없이 융합적이어야 한다는 말에 얼마나 울림이 있을까.

기술의 발달과 궤를 같이하지 않으면 대학 강의의 경쟁력은 떨어질 것이란 (조롱 섞인) 걱정의 말을 듣는다. 자문한다. 그럼 기술에 충실하면 강의의 경쟁력은 올라갈까. 인문의 문제는 뒤로한 채 전공의 내용 전달에만 충실하면 어떨까. 그렇다면 대학 강의는 시중의 인터넷 강의나 학원 강의와 어느 지점에서 다를까. 코로나 시대를 거친 이들이 사회에 나가게 될 즈음, 눈에 쏙쏙 들어오는 콘텐츠가 기억에 남을까, 세계를 이해하려 노력하던 자신의 모습이 기억에 남을까. 요즘 대세로 점쳐지는 MOOC가 "학습 동기가 강하고 학습 능력이 뛰어난 5%의 자발적 학습자들에게만 효과적일 뿐, 대다수 학생에겐 오히려 역효과를 가져왔다."(구본권, 2020)는 셀링고(Selingo, J. J.)의 고찰이 우리에게 무엇을 말하는지 진지하게 고민해볼 일이다. 비대면이 대면으로, 다시 대면이 비대면으로 바뀌어도 인문학이 가진 문제의식이 끊이지 않을 방법 역시 함께 고민할 때다.

김용섭, 《언컨택트》, 퍼블리온, 2020.

이지성, 《에이트》, 차이정원, 2019.

Giles, Jim, "Internet encyclopaedias go head to head", *Nature* 438, 2005, p. 900-901.
doi.org/10.1038/438900a (마지막 접속 2021.04. 28.)

"Literacy", UNESCO
en.unesco.org/themes/literacy (마지막 접속 2020. 08. 20.)

구본권, 〈온라인 교육의 '마태 효과'〉, 《한겨레》, 2020. 08. 10.
www.hani.co.kr/arti/opinion/column/957189.html (마지막 접속 2021. 04. 28.)

인공지능 시대와 외국어교육

이창수

역사문명학자 유발 하라리는 그의 저서 《호모데우스》에서 "이제 인류는 기근, 역병, 전쟁을 거의 정복했으며 불멸, 행복, 신성이라는 새로운 욕망을 향해 나아가고 있다."라고 전망했다. 그러나 하라리의 예측과 달리 2021년 현재, 인류는 코로나19의 팬데믹의 한가운데에서 무기력한 모습이다. 한 장의 얇은 마스크가 사회 및 심리적 거리를 멀리 벌려놓았고 마스크를 낀 채 접촉을 최소화하면서 그나마 온라인을 통해 확산되는 '비대면(언택트) 의사소통'의 모습이 익숙한 일상이 되었다. 우리의 예지만큼 사회의 진보 및 발전은 빠르지 않다. 재레드 다이아몬드가 《총, 균, 쇠》에서 지적한 것처럼 '균', 즉 바이러스의 창궐과 이동은 여전히 정복되지 않은 채 인류 문화와 역사를 크게 변화시키고 있다. 어느 정도 예견은 했지만 갑작스레 닥친 비대면 관계가 경제 및 사회생활 전반에 번져가면서 미처 예상하지 못하게 도출된 문제점 앞에서 전문가의 주의도 흐트러지는 양상이다. 인간의 삶에는 결코 첨단 기술로는 채울 수 없는 공백이 언제나 상존하고 있다는 점을 새삼 실감하게 된다.

미래세대가 경험할 교육환경

2020년은 분명 특별한 해로 기억될 것이다. 대학 대부분이 온라인 강의로 한 학기를 시작했다. 생각보다 문제는 심각했다. 학생들은 고교 시절 익숙해진 인강(인터넷 강의)에 별 무리 없이 적응했지만, 교사들은 전공 지식보다 비대면 강의에 필요한 기능을 익혀야 했다. 일부를 제외하고는 익숙하지 않은 비대면 수업 준비에 당황하는 모습이 역력했다. 아직 '심각' 단계에 머물러 있는 코로나19의 위세가 꺾이지 않는 한 비대면 수업이 이어질 것이라는 전망이 우세하다. 이와 더불어 비대면 수업의 질적 향상을 고민해야 할 시점이다.

전 지구적인 '코로나19' 사태 직전까지 우리 주위에는 제4차 산업혁명(사물인터넷, 빅데이터, 인공지능, 로봇, 공유경제 등)과 관련된 단어들이 자주 맴돌았다. 지금보다 풍요롭고 더 나은 미래 사회에 대한 욕구가 커질수록 생산성 유지와 개선을 위한 기술혁신은 불가피하다. 정부 차원에서도 제4차산업 혁신을 모든 산업과 사회생활에 적용시켜 다양한 사회적 과제를 해결하려는 정책을 앞다투어 내놓고 있다. 교육계도 예외가 아니다. 초등교육에서 대학교육 과정에 이르기까지 IT와 데이터 응용 교육을 접목시키며 인재 육성의 운영 방침을 수정하고 있다. 특히 가까운 미래의 삶을 크게 바꾸어놓을 '인공지능(AI)'은 컴퓨터 관련 분야만이 아니라 모든 분야에서 이미 일상용어로 정착되었다. 그로 인해 기대는 부풀어 있지만 동시에 막연한 불안도 있다. 누구는 장밋빛 미래를 말하지만, 누구는 기계가 인류를 지배할지도 모른다며 경계와 의심의 눈빛을 거두지 않는다. 그 이유는 인공지능이 인간의 상상력이 미치지 않을 변화를 문명에 가져올 거라는 가설 때문일 것이다. 외국어교육 분야에서도 인공지능이 가져올 미래 사회의 교육 시스템 변화에 촉각을 곤두세우고 있다.

외국어 관련 전공을 포함한 인문계 출신은 이공계열에 비해 마땅한 일자리도 없고 연봉도 낮다는 이야기를 자주 듣는다. 2016년 미국의 학위수여자 추이를 보면 이른바 '문(文) 사(史) 철(哲)' 영역의 학위수여자는 2008년에 비해 15~25퍼센트 감소한 데 비해 이공계열은 증가했고 특히 기계공학은 700퍼센트 이상 급증한 것으로 나타났다. 미국 노동시장 전망에 따르면 10~20년 후에는 직업의 약 47퍼센트가 컴퓨터로 대체될 것이라고 한다. 저출산과 고령화가 심각한 일본에서도 앞으로 노동 인구의 49퍼센트는 인공지능과 로봇으로 대체되리라고 전망했다. 이러한 경향은 우리나라에서도 크게 다르지 않을 것이다. 따라서 적어도 20~30년 후 이들 나라와 협조 또는 경쟁해야 하는 한국의 미래세대가 경험하게 될 사회에 맞춰 교육환경을 전망해볼 시점이다. 다가오는 시대를 맞아 인공지능에 대한 올바른 인식, 인공지능이 외국어교육에 미칠 영향을 생각해본다.

인공지능이 불러올 미래

'2045년 문제'라는 말이 있다. 이 말은 《특이점이 온다》(2007)로 우리에게 널리 알려진 구글의 기술고문 '레이 커즈와일'에게서 비롯되었다. 그는 2045년이면 인공지능이 인간의 지능을 초월하는 '싱귤래러티(특이점, Singularity)' 시대가 온다고 전망했다. 그 영향을 받아 한국인터넷진흥원에서도 《2045 미래사회@인터넷》이라는 책을 발간하여 30년 후 우리나라의 모습을 그려보고 있다.

이때면 인공지능 기술의 비약적 발전으로 거의 모든 질병 치료법이 개발되어 평균수명은 120세가 될 것이며, 1인 가구가 보편화되어 가정에서는 가사로봇이 조리와 청소를 전담한다. 인공지능에 탑재된 '심층학습(Deep Learning)' 기술의 발달로 인간형 로봇이 인간의 행동과 언어, 감정을 학습한다. 인간형 로봇은 노년층의 말동무는 물론 가족의 일원이 되어 공생하게 될 것이다. 특정 분야에서는 인간보다 능력이 뛰어난 인공지능 로봇들이 인간의 직업을 대체하여 공장에서 제품을 생산하고 거리에서 교통정리를 한다. 운전자가 없는 자율주행차가 상용화되어 면허증 없이도 자가용으로 언제 어디서든 안전하게 이동하면서 운전 부담 없이 차 안에서 독서, 회의, 취침도 가능하여 시간을 효율적으로 활용할 수 있다. 직장에서는 로봇 상사의 지시를 받거나 반대로 로봇 부하직원에게 보고받을 수 있다.

심지어 인공지능은 자신의 이상형과 운명 같은 만남도 실현할 수 있다. CG기술로 내가 좋아하는 외형을 고르면 인공지능이 생명과 지성을 불어넣는다. 거기에 내가 원하는 목소리와 인간 언어 맥락을 이해하는 수준의 대화가 동반되면 오로지 나를 위해서만 존재하는 맞춤형 '디지털 휴먼(Digital Human)'이 탄생할 수 있다. 영화 〈그녀(Her)〉에 등장하는 '사만다' 같은 인공지능 비서를 곁에 두면 그 매력에 푹 빠져 실제 인간과의 소통은 힘들어지는 상황을 맞게 될지도 모른다. 타인과 대면 회의에 서투르거나 불편한 인간관계로 스트레스를 받고 싶지 않은 사람들이 많아질수록 이런 세상은 예상보다 빠르게 찾아올 것이다.

이처럼 인공지능 활용이 본격화되면 우리 일상도, 인간의 직업 양상도 크게 바뀔 것이다. 단순 반복 업무는 '디지털 휴먼'에게 맡겨놓고 인간은 더욱 가치 있는 일에 몰입할 수 있다. 직접적으로 영향을 받는 직업이라면 어떤 정형화된 '룰(rule)'에 입각한 형식적 업무들이다. 예를 들어 지난해 3월 중국 신화통신사가 선보인 여성 디지털 앵커처럼, 대본을 읽으며 방송을 진행하는 TV 뉴스 아나운서나 기상캐스터는 머지않아 '디지털 휴먼'

으로 대체될 수 있다. 개인 비서, 은행대출 담당자, 스포츠 심판, 기업 안내데스크, 보험설계사, 매표원, 세무회계사, 가수, 심리상담사 같은 전통적인 대면 직업의 경우도 '디지털 휴먼'의 형태로 우선적으로 대체될 가능성이 점쳐지고 있다.

지금은 상상 속 일이지만 사람의 감정과 생각을 외부에서 완벽하게 통제하는 기술, 인간과 지적 수준이 동일하거나 훨씬 능가하는 인공지능, 인간 의식을 복사하는 기술, 생명 연장 기술 등이 25년 후에도 실현되지 않으리라고 누구도 단언할 수 없다. 이런 일들이 현실화되면 인류 생활은 분명 지금보다 훨씬 나아질 것이다. 하지만 그와 더불어 과연 인간을 인간답게 해주는 것이 무엇인지, 인간이 로봇과 같은 신체를 갖는다는 것이 어떤 의미인지 등에 대한 사회적 논의도 활발하게 이루어져야 한다.

약한 인공지능과 강한 인공지능

인공지능은 '인터넷망'을 통해 고도화된다. 2020년 초 과학기술정보통신부에서 발표한 〈2019 인터넷이용실태조사〉[01]에 따르면 거의 우리나라의 모든 가구가 인터넷 접속(접속율 99.7%)되어 있다. 모든 국민이 인터넷을 이용(91.8%)하며, 국민 대부분은

01 전국 25,031가구, 60,254명을 대상으로 2개월간 방문, 면접을 통해 ▲인터넷 이용환경 ▲이용률 ▲이용행태 등의 실태를 조사했다.

하루에 1회 이상 이용(93.9%)하고 있는 것으로 나타났다. 가족 간의 대화보다는 인터넷망을 통해 비대면 소통(95.4%), 정보수집(94%), 게임 · 영화 등 여가활동(94%), 온라인 쇼핑(67%)에 더 많은 시간을 투자하고 있으며, 5G시대의 선두주자답게 60대 이상 노년층도 절반 이상(60.2%)이 동영상 정보 검색을 이용한다. 인공지능의 진입로라 할 수 있는 '인공지능 음성인식 서비스'를 20~30대는 약 40퍼센트가, 전문 · 관리직은 약 절반이 넘는 사람들이 사용하고 있었다. 뉴스, 날씨, 일정 관리 서비스 등 경제활동에서 의사소통 관련 서비스까지 인공지능 음성인식은 이미 일상이 되었다. 인터넷이나 스마트폰의 기능을 다 알지 못해도 모두가 사용하는 생활필수품이 되었듯이, 1인 미디어의 지속적인 증가와 더불어 인공지능은 개인의 업무 또는 기호에 따라 다양한 기능으로 진화하며 국민의 일상생활 속에 빠르게 자리 잡을 것이다. 한국인은 산업사회로의 이동은 외세에 의존했지만 정보혁명이라는 제4차산업혁명은 자주적으로 완성한 나라가 된 셈이다.

최근 삼성전자는 스마트폰 카메라만으로도 혈당 수치 측정이 가능한 기술을 개발했다. 질병의 조기 진단이 가능해지면 노인성 질환이 크게 개선되어 인간의 수명도 비약적으로 늘게 된다. 인공지능을 적용한 의료기기 개발 및 임상시험은 이미 전년대비 3배 가까이 늘어났다고 한다. 세계보건기구(WHO)를 비롯해 국가, 대학, 민간 의학연구소들이 세계 각지에서 보고된 데이터를 실시간으로 공유하고 수집 · 분석한다. 이러한 추세라면 신종 바이러스에 대해서도 과거보다 한층 빠른 속도로 정체를 규명할 수 있고 극복 방안도 조만간 마련할 수 있을 것이다.이처럼 인간이 철저하게 통제할 수 있는 인공지능을 '약한 인공지능'이라 부른다.

'약한 인공지능'은 특정 분야에 맞게 특화되어 생산성을 올리고 삶의 편의성을 도모한다. 그래서 이에 대해서는 인간 생활을 지금보다 더 나은 삶으로 고도화시킬 것이라는 긍정적인 전망이 지배적이다. 공공 이익을 위한 인공지능의 기여 사례도 있다. 인공지능의 선두주자인 구글은 2018년부터 매년 '구글 임팩트 챌린지'라는 자선활동을 개최하여 여기에 도전하는 전 세계의 다양한 자선단체에게 인공지능과 기술자, 심지어 자금까지 지원해주고 있다. 실제로 '왓타임'이라는 비영리단체는 전 세계 인공위성 사진을 통해 열병합 발전소에서 나오는 연기를 실시간으로 취합하는 인공지능을 개발한 바 있다. 그 정보는 전 세계 지자체에게 무상으로 제공되어 지자체들이 관할 내 발전소 가동을 적절하게 조절하여 오염물질을 줄이는 모니터링 시스템을 마련하고 있다. 공립학교에서는 이성 관계, 우울증, 왕따 등으로 심각한 고민을 하고 있는 아이들에게 인공지능이 문자 상담 서비스를 실시한다. 이렇게 상업적 목적으로만 사용되지 않고 우리 삶에 긍정적 영향을 주는 방향으로 선용(善用)될 인공지능의 잠재력은 셀 수 없을 정도다.

한편 기술이란 평상시에는 일정한 속도로 발전하다가 어느 한 시기 큰 혁신을 경험하면 가파른 상승 곡선을 타는 경향이 있다. 이때 인류 문명이 완만한 성장에서 급성장 계기를 마련하기도 한다. 가장 가까운 예가 '스마트폰'이다. 휴대전화 관련 기술은 1960년대부터 개발되기 시작하여 소형화, 실용화, 다기능화를 거치며 서서히 발전해왔으나, 스마트폰이 등장하면서부터 양상이 크게 달라졌다. 처음엔 그저 장난감 정도로밖에 보이지 않던 스마트폰은 지금 엄청난 기능을 탑재하고 있으며, 사람들이 자면서도 머리맡에 두어야 안심할 만큼 생활 밀착형 필수품이 되었다. 스마트폰에서 중추 역할을 담당하던 '자이로' 기술과 소형 카메라는 드론 개발의 밑거름이 되기도 했다. 다음 타자가 바로 인공지능이다.

2010년대부터 인간의 뇌처럼 인공지능 스스로 학습할 수 있는 '심층학습' 기술이 개발되어 '제3차 인공지능 붐'을 가져왔다. 이미 인간의 시각과 청각은 디지털 기술로 데이터화가 가능해졌다. 측정 가능한 데이터가 만들어지면 축적된 데이터는 인공지능이 빠르게 분석, 학습하여 새로운 정보와 목적에 맞게 생산할 수 있는 체제를 앞당긴다. 그것은 인터넷망을 통해 세계적으로 빠르게 공유된다. 인공지능의 빠른 계산과 측정을 통해 축적된 데이터 역시 인터넷망으로 공유되고 다시 인공지능으로 분석되어 새로운 가치를 생산하는 것이 제4차산업혁명의 특징이다.

하지만 지금보다 한 단계 더 고도화된 '강한 인공지능'은 인간의 일을 대신하는 차원을 넘어 결국은 인간을 지배하게 될 것이라는 우려 섞인 논란도 동시에 증폭되고 있다. "인공지능은 너무나 현명하기에 인간이라는 존재가 불필요해질 것"이라고 말한 스티븐 호킹 박사의 경고성 예언처럼 통제 범위를 넘어선 '강한 인공지능'에게 인간이 지배당하는 세상이 올 것이라는 우려는 이미 영화 〈터미네이터〉(1984) 같은 작품의 단골 메뉴였다. 이는 일본에서는 1960년대 〈아톰〉의 제작자인 데즈카 오사무의 작품 〈불새〉 '미래 편'에서도 다루어진 테마였다. 〈사이코패스〉(2015)라는 일본 애니메이션 작품을 보면 2112년 슈퍼컴퓨터가 탑재된 시빌라 시스템이 인간의 직업을 지정해주고, 시민의 일거수일투족을 통제하며 모든 범죄를 예측한다. 시스템에 의한 지배가 인간 세상을 위협하는 내용을 실감 나게 그리고 있다. 또한 소니 픽처스의 SF 영화 〈채피〉(2015)에서는 '스카우트'라는 로봇 경찰이 강도질하는 인간 갱들에게 총을 쏘며 진압한다. 2035년 미국의 시카고를 배경으로 한 영화 〈아이, 로봇〉에서는 스스로 판단하는 로봇이 인간과 전투를 벌인다. 모두 인간의 통제 범위를 넘어선 '강한 인공지능'의 가공할 폭력성과 인간성 문제를 다룬다. 그런데 이러한 상황은 더 이상 영화 속의 이야기가 아니다. 미국, 중국, 러시아는 살상력을 갖춘 전투 로봇 군대를 창설했다. 미국방부에 따르면 2040년에는 전투로봇이 스스로 판단해 인간을 살상하는 능력을 갖추게 될 것이라 하니 실제 로봇과 인간의 전투가 벌어지는 장면을 보는 날도 멀지 않은 것 같다. "인공지능이 핵무기보다 더 위험하다."는 스티븐 호킹 박사의 경고처럼 인공지능은 조만간 인류의 미래를 바꿀 수도 있다.

인공지능 시대, 외국어를 배워야 하나?

피할 수 없는 인공지능 시대를 맞아 외국어교육 현장에서는 여러 질문이 화두로 떠오르고 있다. '싱귤래러티'는 과연 어떠한 영향을 미치며, 외국어교육 관계자는 어떻게 대응해야 할까? 향후 외국어 관련 전공자는 좋은 일자리를 얻어 사회에 진출할 수 있을까?

인공지능이 외국어교육에 가장 크게 영향을 주는 부문이라 한다면 말할 것도 없이 번역 분야다. 30년 전 학생들의 희망 미래 직업에서 선망의 대상이 되는 진로 중에는 동시통역사 또는 번역가가 있었다. 요즘 이러한 직업을 희망하는 학생은 극히 드물다. 날로 고도화되는 자동 통번역 시스템의 예견과 출현도 그러한 현상을 초래한 요인 중 하나일 것이다.

옛날 자동번역 시스템이라 하면 컴퓨터에 사전을 입력하고 거기에 문법 프로그램을 짜넣어 출력하는 방식이었다. 외국어를 배울 때 학습자가 사전을 찾아가며 학습하는 방식을 컴퓨터에 그대로 적용한 것이다. 이러한 외국어 학습 방식은 몇십 년간 지속해도 실용 가능한 번역 프로그램까지 도달하지 못했다. 인간의 자연 언어라는 것은 프로그래밍언어와 달리 문법에 예외가 너무 많고, 애매한 표현도 적지 않기 때문에 이를 프로그램화하는 것 자체가 넘기 힘든 한계였다.

1990년경부터 '통계적 접근방식'이라는 새로운 시스템이 도입되었다. 외국어 번역에 대량의 외국어 문장과 거기에 대응되는 대량의 자국어 문장을 준비해놓고 대응하는 패턴 인식 알고리즘을 이용하여 컴퓨터가 통계상 확률적으로 원문에 가장 근접한 번역문을 제시하는 방식이다. 게다가 인터넷망을 통해 대량의 문장 텍스트의 공유가 가능해지고 컴퓨터의 계산 속도가 크게 향상됨에 따라 세계에서 가장 많은 언어 데이터를 보유한 '구글'이 야심 차게 이 시스템의 개발에 나섰다.

2016년 구글은 '뉴럴 네트워크(neural network)'를 번역 서비스에 도입하였고 자동번역 기술은 한층 진보했다. 지금은 거기서 정밀도를 향상시키는 방향으로 나아가고 있다. 한편 '마이크로 소프트 스카이프'의 리얼타임 번역은 통화 중에 자신의 말과 상대방의 언어를 즉석에서 쌍방향 번역과 기계음성 출력이 가능하게 했다. 현재 '스카이프'는 영어를 비롯한 주요 10개국 언어에 대응이 가능한 수준이고 전체 문맥을 파악한 자동번역도 가능해지고 있다. 또한 '구글 픽셀 버즈(Google Pixel Buds)'와 같은 기술적 실현을 바탕으로 다국어 리얼타임 동시 번역 웨어러블(wareable) 단말기의 개발도 두드러진다. 이러한 '인공지능 통번역'은 유저의 사용빈도가 높아질수록 축적된 데이터가 번역의 정밀도를 더욱 향상시키면서 기술의 신뢰성을 동반 향상시키는 시스템이다. 물론 여전히 기계번역의 투박한 표현이나 정서적 빈곤 현상이 없는 것은 아니지만 머지않아 인간의 번역과 기계 번역의 격차가 사라질 것이라는 전망이 우세하다.

인공지능이 완벽하게 통번역을 하게 된다면 과연 일상생활에서 굳이 비싼 교육비와 힘을 들여 외국어를 배울 필요가 있을까 하는 의구심이 드는 것도 당연하다. 심지어 인간의 뇌에 영어, 프랑스어, 러시아어, 중국어, 일본어 인공지능 칩을 심기만 하면 외국어가 술술 나오는 세상이 올 것이라는 기대도 있다. 이런 현상은 향후 교육기관에서 받는 외국어 학습이 필요할지 하는 근본적인 문제로 자연스럽게 연결될 수 있다.

인공지능이 보유하는 어휘 데이터와 저장 용량은 인간과 비교조차 할 수 없다. 뿐만 아니라 초조함이나 스트레스, 망각이라는 인간적 결함도 인공지능에게는 일어나지 않는다. 인간의 뇌가 외국어를 습득하는 것보다 인공지능이 외국어를 학습하는 것이 훨씬 경제적이고 편리할 것이다. 인간은 스스로 새로운 언어를 학습하는 수고와 비용을 들이지 않고도 인공지능이 획득한 언어를 활용할 수 있다. 이것이 훨씬 효과적인 외국어 활용 방법이라 할 수 있지 않을까? 게다가 고도화된 음성 인식 기술을 도입하면 이론적으로 인공지능은 '원어민 교원(Native-speaker)'보다도 외국어를 잘 가르칠 수 있다. 외국어 학습에 필수적인 반복 학습도 인공지능이 인간 교원보다 정확하게 수행할 수 있다. 인공지능에 탑재된 수많은 데이터베이스에서 최적의 교재와 교수법을 찾아 친절하게 학습자 개개인의 학습 진도에 맞추는 것도 가능하다. 물론 인공지능이 인간 교원의 역할을 대신할 수 있을지에 대해서는 비판적 견해도 있지만, 타인 앞에서 틀리는 것을 싫어하는 학습자의 경우 인공지능을 더욱 선호할 것이다. 단기간에 외국어 능력을 향상시킬 수 있다는 장점도 있다. 따라서 고차원적인 추론이나 통합적 커뮤니케이션 능력을 별론으로 한다면 상당 부분 동의할 수 있는 가설이다.

현재의 스마트폰처럼 누구든 일상에서 인공지능을 쉽게 이용할 수 있는 AI 시대를 앞두고 있다. 따라서 이상의 현재 가시화되고 있는 논점에 대해 AI에 대한 정확한 이해와 동시에 올바른 활용과 외국어교육에 가져올 영향, 새로운 학습방법을 심도 있게 고민해야 할 시점이다. 그리고 이 근본적인 문제에 대해 납득할 만한 대답을 준비하지 못하면 기존의 외국어 학습법의 존립 기반이 무너질 수 있다. 나아가 AI 시대에 맞는 외국어교육의 가치와 의미를 후속세대에게 올바로 제시해야 할 것이다.

인공지능의 한계와 인간의 언어

과연 인공지능은 전지전능한 도구일까? 결론부터 말하자면 계산량과 속도가 과거에 비해 비약적으로 늘어났을 뿐, 인공지능이 인간 사고의 질을 따라잡거나 추월할 것이라는 지금의 상상은 '환상'에 지나지 않는다. 그 이유는 현재 인공지능은 새로운 창조물이 아니라 그동안 인간이 축적해온 계산 능력과 기술의 업그레이드판이기 때문이다. 인공지능의 핵심 기능인 '뉴럴 네트워크' 발상은 이미 1950년대나 60년대부터 있었다. 자기부호화[02]를 통한 현재 심층학습 방식도 새로운 것이 아니라 80년대부터 시행된 것이다.

다만 옛날에는 계산 시간이 너무 느려 실용적으로 사용하지 못하던 기술을 2010년대 이후 많은 서버를 사용하여 실용 가능하도록 계산 능력을 획기적으로 올린 것이다. 즉 주판에서 계산기, 컴퓨터, 스마트폰으로 인간이 만든 여러 기계가 업그레이드된 것처럼 인공지능도 그보다 더 빠르고 고도화된 통계적인 계산 과정일 뿐이다. 그 계산 결과가 인간이 지향하는 '의미'라는 세계에 적용된다면 어느 정도 실용성은 인정할 수 있겠지만, 그렇다 해도 그것은 어디까지나 '정량적'인 세계라 할 수 있다. 따라서 다수의 프로그램을 적용한 프로그램 방식이든 '뉴럴 네트워크'를 통한 통계적인 방식이든 현 단계에서 컴퓨터는 인간의 문장을 제대로 이해할 수 없다고 보는 것이 타당하다.

더 쉽게 말하면 이 세상에는 여러 가지 물건이 있는데 가까

02 기계학습 시 알고리즘의 일종으로 AI에 데이터를 학습시킬 때, 그 데이터의 특징을 추출하는 작업을 여러 번 반복시켜 가장 적절한 데이터를 재현할 수 있는 특징을 추출한다.

운 예로 '컵'이 있고 '의자'가 있다. '컵'을 인식하기 위해서는 어떤 부분은 둥글고, 어느 곳은 대칭을 이루고 있다는 등 컵의 특징을 기술한 후 그 유형을 집적해야 한다. 그런데 이 기술은 생각보다 쉽지 않다. '심층학습'이라는 것은 그 과정을 거치지 않고 컴퓨터가 직접 컵을 여러 가지 비슷한 것으로 분류해놓고 대량의 데이터를 입력하면 그중에서 제멋대로 답이 떠오르는 방식이다. 말하자면 '교사 없는 학습' 즉 교사 없이 컴퓨터가 사물을 이해하는 것이다. 더 정확하게 말하면 '그때그때' 처리될 뿐이다. 구글이 만든 인공지능이 고양이를 인식하는 데 성공했다는 보도가 있었다. 그 내역을 보면 16대의 프로세서를 갖춘 컴퓨터 1,000대가 동원되어 3일간 줄곧 계산한 결과였다. 인간이라면 어린아이도 금방 인식할 수 있는 문제를 그러한 큰 규모의 계산 끝에 겨우 인식한 것이다. 그만큼 쉬운 과정이 아니다. 그럼 개라면 어떨까? 개는 외모가 고양이보다 훨씬 다양하다. '불독' '스피츠' '진돗개' '푸들' 등 크기도 얼굴 모양도 다양하다. 인간은 '개'라는 개념을 포착할 때 단순히 표면적 형태가 유사한 것만을 그룹으로 묶는 것이 아니다. 생물학적 혹은 문화적인 것으로 개의 개념을 도출해낸다. 하지만 컴퓨터는 비슷한 형태를 가진 그룹을 묶을 뿐이다. 그 그룹이 인간의 인식과 완전히 일치하면 편하겠지만, 전혀 엉뚱한 것도 수없이 많다.

앞서도 언급했듯이 인공지능을 이용한 빠르고 정밀해진 자동 통번역 시스템은 편리한 도구임에는 틀림없다. 언어에 따라 차이는 있겠지만 외국어 소통이 필요한 분야 및 외국어 능통자에게도 그렇다. 그런데 현 단계의 자동번역도 인간의 모든 언어를 완벽하게 번역하는 것은 불가능하다. 물론 간단한 문장이나 초벌번역 수준의 문장을 이해하고 싶은 경우, 또는 가벼운 농담이나 은어가 나오는 간단한 회화의 통번역에는 유효할 수 있다. 해외여행에서 현지인과 가벼운 의사소통을 위한 통번역에도 적지 않은 도움을 받을 수 있다. 그러나 한 나라의 언어를 마스터하는 것이 그 나라를 정복하는 것보다 어렵다는 말이 있다. 설령 번역의 정밀도가 크게 향상되었다 해도 수요자가 만족할 만한 세부 뉘앙스나 우회적 표현까지 자동번역이 정확하게 번역한다는 것은 애당초 불가능한 일이다.

다시 말해 예전보다 정밀도는 향상되었다 해도 인공지능에 의한 통계적 번역 방식은 어디까지나 초벌 번역의 향상이다. 유용하다는 점에서는 이론의 여지가 없지만, 과거에 비해 상대적으로 향상된 수준일 뿐, 인공지능이 인간처럼 '문장을 이해한다.'는 것은 여전히 근본적으로 '넘사벽'이라고 보는 것이 자연스럽다. 예를 들어 구글 번역이 방대한 빅데이터를 처리한다 해도 인간이 이해하는 것과 같은 방식으로 문장을 이해하는 것이 아니다. 따라서 논리적으로 문장을 비틀어놓거나 문맥을 심도 있게 파악해야 하는 문장을 부여하고 원하는 수준의 번역문을 얻으려면, 결국 최종 단계에는 외국어를 잘하는 인간이 단어를 고치거나 문법 오류를 정정해야 한다. 유감스럽게도 현재 기술의 연장선상에서 볼 때 컴퓨터나 인공지능이 완전히 다른 존재로 출현하지 않는 한, 외국어를 모르는 사람이 이용할 수 있는 완벽한 자동 통번역 시스템은 실현되기 어려울 것이다. 오히려 역설적으로 어학에 능통한 개인의 능력을 더욱 확장시키는 시스템이라 해도 과언이 아니다.

인간의 언어에는 기계로 번역할 수 없는 말이 무수하게 존재하고 또 새롭게 태어난다. 감나무가 없는 지역 사람들에게 '감'이라는 단어는 존재하지 않거나 이해하기 어렵다. '감'을 본 적이 없는 사람들이 '감'이 무엇인지 묻는다면 '둥근 과실에 껍질은 주황색이며…'로 설명을 시작해야 할 것이다. 영화 〈기생충〉에 등장하는 '짜파구리'도 라면이 없는 곳의 사람들에게는 설명하기 힘들다. '라면', '짜파게티'와 '너구리'라는 제품을 설명하는 번거로운 과정 후 그에 상당하거나 유사한 단어를 찾아내야 한다. 설령 찾는다 해도 그에 딱 맞는 단어를 직관적으로 제시하는 것은 생각보다 어려운 일이다. 일본어를 예로 든다면 '오지(伯父 · 叔父)'나 '오바(叔母 · 伯母)'는 일본의 독특한 가족 관계 속에서 본가와 외가를 구분하지 않고 사용하는 생활 용어이다. 이를 단순히 한국어로 '아저씨' '아줌마'로 번역하면 의미가 정확하게 전달되기 어려운 문화적 배경이 있다. 또 쌀 문화권에는 대부분 벼, 쌀, 밥 등의 용어가 존재한다. 논에서 베기 전의 벼 모양, 정미 상태, 익힌 뒤의 상태 등 원재료는 같다고 해도 각각 다른 명칭이 있을 정도로 다양한 용어가 존재한다. 쌀이 갖는 중요성이 단지 개념에만 머물지 않는다는 반증이다. 그런데 벼, 쌀, 밥이 영어로는 모두 'rice'이다. 마찬가지로 유목생활권인 몽고에서는 말(馬)에 관해 연령, 성별, 거세의 유무에 따라 각각 명칭이 세분화되어 있다. 극한지에서 생활하는 이누이트에게는 눈이라는 단어가 52종이나 세분화되어 있다고 한다. 이처럼 어휘는 필요에 따라 끊임없이 창출되는 속성이 있고 언어권마다 존재하는 어휘와 문화 감각이 다른 경우가 많다. 이처럼 언어에는 쉽게 기계번역의 데이터로 매칭될 수 없는 한계가 있다.

'의미'와 인공지능 : 도쿄대 합격 프로젝트의 교훈

근본적인 문제는 인공지능이 인간 언어의 '의미'를 전혀 알지 못한다는 점이다. 실제로 2011년 일본국립정보학연구소는 인공지능을 도쿄대학에 합격시키려고 5년에 걸쳐 야심찬 관·산·학 연계 프로젝트를 진행했다. '도로보군(東ロボ君)'이라는 이름으로 개발된 이 인공지능의 목표는 2016년까지 우리나라의 수능시험과 유사한 '센터시험'에서 고득점을 취득한 후, 2021학년도에 도쿄대학 입시에 합격하는 것이었다. 이를 위해 영어 과목에 30명, 수학에 20명 등 각 과목마다 연구팀을 구성, 책임자를 포함해 100여 명의 인력을 투입했다. 일본의 지성을 대표하는 대학의 연구진과 권위 있는 출판사도 대거 동원되었다. 프로

젝트 수행 과정에서 '도로보군'은 5년간 매년 우리나라의 수능과 유사한 '센터시험' 모의고사를 치르면서 순조롭게 성적을 올려나갔다. 자연계열 과목과 교과서 중심의 데이터를 활용한 '세계사'도 전국 평균을 상회하는 결과를 내는 데 성공했다. 이는 일본의 유명 사립대에 무시험 전형으로 합격할 수 있는 자격에 도달하는 수준이었다. 그런데 이는 팀마다 용어 사전을 만든 다음 문항의 단어를 분해하여 기계가 읽을 수 있도록 바꾸어준 덕택이다. 정확하게 말하면 문항을 '계산식'으로 만들어준 것이다. 예를 들어 영어 과목에서는 '( ) front of'와 같이 문장 한곳에 빈칸을 두고 적절한 답을 사지선다에서 고르는 단문 문제, 어휘의 순서를 정렬하는 문제를 풀어야 했다. 이를 위해 영어 전담팀이 '도로보군'에게 학습시킨 단어 수만 약 500억 개였다. 수필 문제라면 500억 편 이상의 작품 데이터를 입력하고 학습시켜야 한다. 이와 같은 노력 끝에 과목마다 정답율 90퍼센트를 넘기는 데 일단 성공했지만 그런데도 도쿄대학 입시 합격은 결국 실패로 끝났고 프로젝트도 거기에서 종결되었다.

프로젝트의 책임연구원이었던 아라이 노리코 교수는 "'도로보군'은 인간과 비교조차 할 수 없는 탁월한 계산력과 암기력이 있기 때문에 문항을 '계산식'으로 바꿔주기만 하면 쉽게 답을 찾아냈지만, '의미'를 이해해야 하는 요소가 문항에 들어가면 속수무책이었다."라고 했다. 인간은 몇 기가 혹은 몇 테라의 자료를 보지 않아도 '의미'를 이해할 수 있지만, AI는 '기가' 또는

'테라' 급 용량의 빅데이터를 사용한다 해도 '의미'를 아는 척할 뿐, 본질적인 의미를 알 수 없다. 말 그대로 인간과 인공지능 사이의 '넘사벽'인 것이다. 도로보군은 일본어 현대문 문장의 세부적 의미를 알지 못했다. 문장구조를 파악하거나 표현기법의 효과를 판단하면서 전체 주제를 파악해야 풀 수 있는 문제도 제대로 대응하지 못했다. 예를 들어 다음 두 문장을 보자. "Ⓐ 그는 오늘도 보고서 제출을 잊어버리고 말았다. Ⓑ 게다가 회의에 지각했다."라는 문장을 준 다음, 그 뒤에 자연스럽게 이어지는 문장을 고르라는 문제가 있었다. 선택지는 "① 그는 늦잠을 잤다. ② 회의에는 보고서가 필요하다. ③ 그는 사회인으로 자각이 부족하다."였다, 여러분은 어느 답을 선택할 것인가? 이 문제에 대해 '도로보군'은 Ⓐ, Ⓑ 문장과 같은 단어가 들어간 ②번을 우선적으로 선택했다. 그다음으로 선택한 답은 '지각'이라는 단어와 확률적으로 관계가 깊은 '늦잠'이라는 단어가 포함된 ①번이었다. 문맥을 전혀 이해하지 못한 채 자신이 보유한 데이터 내의 단어 조합에서 높은 빈도의 문장을 추론하여 답안을 내놓은 것이다. 인간은 언제든 '의미'로 생각하고 직관으로 이해할 수 있는 문제라도, 인간의 사고에서 비롯된 '의미'를 이해하지 못하는 인공지능은 빅데이터 처리에 따라 통계상 높은 확률의 답안을 출력할 뿐이다. 인공지능의 분류라는 것도 '의미'를 생성하기 위한 작업이 아니라, '의미'와 상관없는 프로세스의 반복에 불과하다.

고문(古文)의 경우 짧은 문구나 어구의 현대어 번역은 가능했지만, 문장이 길어지면 전체 이야기의 흐름을 파악해야 하기 때문에 표면적인 단어의 일치만으로 정답을 고를 수 없다. 더욱이 일본의 전통시가인 '와카(和歌)' 문제는 처음부터 손도 대지 못했다. 서사나 비유, 상징 표현 등 와카의 표현 기법이나 서사 효과를 학습시키는 것은 너무 복잡해서, 이런 문제가 나오면 미련 없이 포기할 수밖에 없었다고 한다. 즉 현대문, 고문 모두 영어와 마찬가지로 문장의 '의미'를 이해할 수 있는 유효한 방법을 찾지 못했고, 더 이상 프로젝트의 진전은 무의미하다는 결론에 이른 것이다.

인간이 만든 언어와 문장의 '의미'를 이해하는 것은 인류가 오래전부터 고민해온 문제였지만 인문학에서도, 첨단 정보 공학에서도 여전히 손도 대지 못하는 것이 현실이다. 하물며 컴퓨터가 앞으로 인간의 문장을 이해하는 일이 가능할까? 인공지능이 '의미'를 완전하게 이해하지 못할 경우 나타날 수 있는 '리스크'를 상상해보자. 가령 "테러집단에게 요인이 피살되는 것을 막아라."라는 미션에 대해 정상적 인간이라면 "요인을 안전한 곳으로 옮겨 살해되지 않도록 한다."라는 의미로 받아들여 그에 맞게 임무를 수행할 것이다. 그런데 인공지능이 그 '의미'를 제대로 이해하지 못하면 자신이 보유한 데이터의 확률에 따라 "요인을 죽였다. 그래서 테러집단에 피살되는 것을 완전히 차단했다."라는 결과를 낼 수도 있다. 우리에게는 말도 안 되는 이야기지만 '의미'를 모르면서 정확한 답을 출력하는 인공지능에게는 대수롭지 않은 일일 수도 있다.

인간의 언어 표현이란 자기 해방뿐만 아니라 타자에 대한 공감을 높여가는 소통 과정이며 거기에는 창의성과 관계 맺는 기능이 작동한다. 따라서 인간은 각자의 감각으로 자유롭게 예술적으로 표현함과 동시에 기계로 제어 또는 예측당하거나 미리 결정된 생각에 강한 저항감을 느끼는 존재이다. 우리가 사는 세계는 불교에서 말하는 '사사무애법계(事事無碍法界)' 즉 이미 복잡한 세계이므로 그때그때 각자 최선을 다해 대응하며 살아갈 뿐, 그 표현을 통제하거나 한정하는 것은 불가능에 가깝다.

일평생 농사만 지은 노인들도 창조적 자아를 발견하고 뒤늦게 그림을 그리고 시를 짓는 경험을 한다. '잘' 놀고 '재미있는' 일을 하는 인간과 그렇지 않은 인간은 같은 언어라도 자기표현의 기쁨, 자유와 해방감, 참다운 인간성에 대한 의미 표현이 저마다 다르다.

'장엄하다'라는 말은 심산유곡의 거암을 표현하는 말에도 쓰이지만, 우리 주위에서 흔히 마주치는 평범한 것들 예를 들어 된장찌개, 바위 밑에서 올라오는 잡초에도 적용할 수 있는 단어이다. 거리에 지나가는 평범한 사람들, 색소폰에 열중하는 늙은 아버지, 심지어 손가락의 지문까지 어느 하나 똑같은 것이 없는 인간 세계 사방을 모두 시적 표현으로 묘사할 수 있고 보는 사람에 따라 감상도 저마다 다르다. 자갈과 모래만으로 정원을 만들어놓고 '바다 위에 떠 있는 섬'이나 '구름 위에 솟아오른 산봉우리'로 표현 가능한 것이 인간의 언어 표현이다. 만일 이와 같은 인간의 행동이나 심리, 심지어 '마음'까지 컴퓨터가 이해하고 인공지능이 구현해내려면 그것은 현재 전 세계에 있는 문헌자료, 음성 및 영상 인식 데이터뿐만 아니라 '인간의 상식' 데이터를 그대로 학습 데이터로 변환시켜야 한다는 것을 의미한다. 설령 그런 일이 가능해진다면 인공지능이 인간의 두뇌를 뛰어넘어 지금까지 미처 생각해내지 못한 '초지성(超知性)'을 창출하리라는 기대감도 있겠지만 현 단계에서 그 방향으로 진화하는 것은 물리적으로 불가능하다고 보는 것이 타당할 것이다.

최근 '인공지능에 일자리를 빼앗긴다.' '인공지능이 인류를 지배하게 될 것이다.'라는 불안을 조장하는 이야기를 자주 듣지만 이런 생각은 현재의 인공지능에 문외한에게서 나온 경우가 많다. 지배, 피지배의 이분법조차 전근대적 사고방식에서 비롯된 시각이 아닐까? 인공지능에 대해 깊이 연구한 사람들은 이러한 전망에 쉽게 동의하지 않을 것이다.

'의미'를 이해하는 힘과 공감 능력 : AI 시대의 외국어교육

인공지능은 이미 오래전 인류가 상상해온 발상으로, 고대 그리스신화에서 기원을 찾을 수 있다. 기원전 8세기 서사시 《일리

아스》에는 불꽃과 대장간의 신 '헤파이스토스'가 소녀를 꼭 닮은 황금 로봇을 만들어 자신을 돕는 하인으로 일을 시킨다. 인공물에 지성이나 의식을 심어주거나, '초인적 능력'을 가진 기계인간 또는 인공생명체를 만들고 싶어하는 욕망은 예나 지금이나 인간의 잠재적 표현인 모양이다. 인간의 신체적 기능은 원시 이래 크게 달라지지 않았지만 《사피엔스》의 저자 유발 하라리의 말처럼 인류는 '인지혁명'에 따른 기술적 진보 과정을 거치면서 지금에 이른 것이다. 얼마 전까지만 해도 공상과학소설에 단골 메뉴로 등장한 인공지능이나 로봇의 이야기도 제4차산업혁명에 편승하며 이미 우리 곁에 와 있다.

오늘날 인간의 문명사회는 컴퓨터 없이 이룩될 수 없었다. 인공지능 또한 인간의 도움 없이 존속할 수 없다. 서로 공생하고 교제하는 방법에 대해 진지하게 생각해야 한다. 인공지능이 의사를 대체할 수는 없지만, 인공지능을 사용하지 않는 의사는 대체될 것이라는 말이 있다. 이렇듯이 인공지능은 어떤 분야에서든 지금까지 인류가 만들어놓은 모든 데이터를 공유하도록 해줄 뿐만 아니라 방대한 데이터의 분류, 자료 분석 및 해결 방법에 이르기까지 인간의 노고를 크게 덜어주는 보좌관 역할을 할 것이다. 동시에 활용 여부에 따라 개인의 능력차도 확대할 이기가 될 것이 분명하다. 지금은 누구나 쉽게 예견하듯이 정형화되어 있거나 지루하고 반복적인 일들은 인공지능으로 대체될 것으로 보이지만, 동시에 정형화가 힘들고 임기응변을 요하거나 복잡한 커뮤니케이션이 요구되는 역할은 인공지능으로 대체할 수 없는 인간의 영역임이 분명하다.

외국어교육의 관점에 적용해본다면 특히 대학에서 어학 자격증 취득을 위한 학습이나 기능적인 외국어 구사 능력만 우선시하는 풍조는 사라질 것이다. 반면 인공지능을 활용한 자동 통번역 기술이 진화하면 할수록 꾸준히 외국어 소통 능력을 키우고 글로벌 문화감각을 보유한 인재의 가치는 높아질 것이다. 그것은 인공지능이 주는 절호의 기회라고도 할 수 있다. 준비된 인재에게 인공지능은 그 능력을 극대화시켜 글로벌 엘리트로 성장해나가는 보좌역을 하겠지만 그렇지 않은 사람에게는 지금의 스마트폰처럼 휴대용 오락 기능만 특화시킨 도구에 그칠 수도 있다.

미국의 어느 의류 회사에서 이루어지는 인공지능과 인간의 협력 사례는 우리에게 시사하는 바가 크다. 이 회사에서는 고객의 패션 취향을 먼저 빅데이터로 분류한다. 그다음에는 예술사를 전공한 스타일리스트가 고객의 주문에 맞춰 조언하는 역할을 한다. 고객을 이해하고 배후에 있는 감정을 헤아릴 줄 아는 사람이 중요하다. 이 회사가 요구하는 인재상은 IT기술과 공감능력을 함께 가진 인간이다. 기업의 미래 가치를 생각할 때 IT기술 못지않게 중요한 것이 변화하는 고객과 공감할 줄 아는 능력이기 때문이다. 이처럼 지금, IT업계의 궁극적인 고민은 인간이 안고 있는 문제를 어떻게 해결할 것인가에 있다. '인간이란 무엇인가' '삶의 의미란 무엇인가' '배움의 본질이 무엇인가?' 하는 근본적인 문제에 대한 의미를 깊이 있게 통찰하는 훈련이 필요하다. 그러한 능력을 갖추어야 이노베이션(innovation)도 일어나고, 무엇을 위해서 기술을 사용해야 할지 의미를 알 수 있기 때문이다.

인공지능의 활용도가 높아지면 비대면 환경도 증가하여 학생들의 커뮤니케이션 능력 함양에 문제가 생길 수 있다는 비판도 존재한다. 그만큼 사람과 사람이 자연스럽게 대화하고 소통하는 일이 오히려 중시되는 시대가 되고 있다. 존 어리는 《모빌리티》에서 "대면 만남은 '흥분(effervescence)'이라는 것을 발생시키며, 사회생활의 많은 부분에 대한 요구 및 의무는 대면 대화나 때로는 신체를 맞댄 대화가 갖는 즐거움과 매력에서 발생한다."라고 지적했다. 이처럼 글로벌 사회라는 환경이 지속되는 한, 인간 '이동성(mobility)'의 자유는 더욱 커질 것이며 외국어 능력은 정치, 경제, 사회, 국제적인 수요의 관점에서 여전히 중요한 가치를 가질 것이다. 거기에는 남이 가지 않은 길에 대한 호기심, 문장력이나 소통능력, 다양성에 대한 이해력이 담겨 있다. '외국어'란 단순히 어학적 관점이나 실용적 소통 기능만 의미하는 것이 아니다. 미지의 언어를 만나 새로운 세계의 사고방식과 문화에 대한 '흥분' 효과를 발생시키는 입구이자 자연스럽게 우리에 대한 정체성을 재인식하는 '출구'이다. 아무리 인공지능이 진보해도 외국어 학습이 필요한 이유이다. 인공지능 시대는 시대에 걸맞은 '배움의 의미'를 재검토하는 기회가 되겠지만, 감정이 담긴 교수법이나 배움의 기회를 박탈당하는 일은 과거에도 실현된 적이 없다. 이는 비단 외국어교육에만 적용되는 문제가 아니라는 것만은 분명하다.

레이 커즈와일, 김명남 옮김, 《특이점이 온다》, 김영사, 2007.

2045 인터넷@인간·사회 연구회, 한국인터넷진흥원, 《2045 미래사회@인터넷 (인본을 지키다)》, 진한M&B, 2016.

김성택, 〈디지털 휴먼과 사랑에 빠지면?〉, SKT 5GX Cloud Labs, 2020. 07. 06.
www.sktinsight.com/123632 (마지막 접속 2021. 04. 14.)

과학기술정통부, 〈2019 인터넷이용실태조사〉, 디지털신산업제도과, 2020. 02. 26.

존 어리, 강현수 옮김, 《모빌리티》, 아카넷, 2014.

신현규, 〈[실리콘밸리 리포트] 밀림 지키기 · 빈곤 예방…AI가 힘 보탠다〉, 매일경제, 2020. 02. 25.
mk.co.kr/news/it/view/2020/02/192003 (마지막 접속 2021. 04. 14.)

浅野享三, 〈人工知能時代の外国語教育〉, 《南山大学短期大学部紀要終刊号》, 2018.

藤沢数希, 〈AI 時代には英語学習がますます重要になる 3 つの理由〉, 2020. 07.10.
hal4.jp/blog/ai-english/ (마지막 접속 2021. 04. 14.)
〈ロボットは東大に入れるか〉 21robot.org/ (마지막 접속 2021. 04. 14.)

奥田由意, 〈東ロボくん〉, が偏差値57で東大受験を諦めた理由, 2016.
diamond.jp/articles/-/108460 (마지막 접속 2021. 04. 14.)

인공지능과 자연어 처리

이선웅

세계가 끊임없이 가속페달을 밟으며 변화하는 가운데, 이제 '4차산업혁명'이라는 말은 만들어진 지 불과 몇 년 만에 사람들에게 익숙한 용어가 되었다. 제4차산업혁명은 인공지능, 로봇, 빅데이터, 드론, 자율주행, 가상현실, 증강현실, 융합현실, 사물인터넷, 뇌-컴퓨터 인터페이스, 핀테크, 양자컴퓨터, 3D프린터, 블록체인, 생명공학, 안드로이드, 클라우드 컴퓨팅, 스마트 모빌리티, 핵융합 등 다양하고 현란한 새 기술을 우리 눈앞에 펼쳐 보인다.

그중에서도 2016년 봄, 구글 딥마인드의 인공지능 알파고가 바둑의 세계 최고수인 이세돌을 가볍게 무너뜨린 사건이 강한 인상을 남겼다. 이를 통해 인공지능은 전 세계 사람들에게 무한한 가능성을 선보였다.

보건과 의료의 자동화, 인간 언어의 이해와 생산, 자율주행, 무인 행성 탐사, 건축물 및 도시 시스템 자동 점검, 심지어 텔레파시 의사소통 등 인공지능이 가능하게 하는 미래는 환상적이다. 이 글에서는 그중에서도 인공지능의 자연어 처리에 대해 개략적인 안내를 하고자 한다. '자연어'란 인간이 사용하는 보통의 언어를 칭하는 용어로, 자바(Java)나 파이선(python)과 같이 컴퓨터에 입력되는 '인공어(artificial language)'와 구별된다. 자연어 처리는 '언어공학'이라는 학문 분야의 핵심 개념이다. 이 글에서는 복잡한 언어공학을 살피지 않고, 인공지능의 개념과 역사를 간략히 알아본 후 자연어 처리가 활용되는 분야를 소개하고자 한다. 스마트폰에 비유하자면 사람들이 주로 관심을 가지는 것은 스마트폰의 기능이지 제작 과정, 물리적 구조, 작동 원리 등이 아니다. 인간 활동의 접면(interface)에 더 관심을 가지는 것은 당연한 일이라고 하겠다.

인공지능의 발전

'인공지능'이라는 용어는 1956년 미국 다트머스대학교의 한 연구회에서 처음 사용되었다. 이보다 200년 전에 18세기 프랑스의 철학자 디드로는 모든 질문에 대답할 수 있는 앵무새를 상상했고 이를 지능적 존재로 인정할 수 있다고 했는데, 이것이 인공지능에 대한 최초의 상상으로 알려져 있다. 더 구체화된 아이디어는 1950년에 발표된다. 영국의 수학자 튜링은 사람에게 할 만한 테스트를 기계(컴퓨터)도 통과할 수 있을지 테스트하는 아이디어를 논문으로 발표하는데, 이를 '튜링 테스트'라고 한다. 그는 이 테스트로 기계가 생각할 수 있는지 시험하려고 했다. 좀 더 구체적으로 인간 질의자 한 명과 기계 응답자 하나, 인간 응답자 한 명을 준비한다. 응답은 키보드로만 이루어지고 응답자가 누구인지 알지 못했을 때, 어느 응답자가 기계인지 인간 질의자가 판별할 수 없으면 기계가 인간처럼 사고할 수 있다고 본다. 이 테스트를 통과했다는 몇몇 사례가 보고되었으나, 그 사례들에는 추후 여러 의심스러운 점들이 발견되어 온전히 인정받지는 못하고 있다. 튜링 테스트는 인공지능의 능력을 측정하기 위한 하나의 예시로 고안한 것일 뿐이다. 날로 발전하는 현대의 인공지능 기술의 관점에서 보면 허술하기 짝이 없는 테스트라는 지적이 많다. 그러나 인공지능이 인간과 같은 수준의 대화를 나눌 수 있는지 평가하는 상징적 의미는 여전히 유효하다.

발전의 4단계

디드로는 물론이고 튜링도 튜링 테스트를 현실화할 도구를 가지고 있지는 못했다. 이러한 기술적 한계는 20세기 후반에 와서야 서서히 극복된다. 컴퓨터로 대표되는 인공지능은 지난 수십 년 동안 큰 난관에 부딪히면서도 꾸준히 발전해왔다. 일반적으로 설명하는 인공지능의 발전 4단계를 알아보자.

1단계는 기계에 특정한 단순 제어 기능을 제공하는 프로그램이다. 에어컨, 세탁기 등 자동 제어 기능을 구현하는 도구가 이에 해당한다. 사람이 일일이 작동시키지 않는다 뿐이지 기계 속에 인쇄 회로 기판을 넣은 것이라서 인공지능의 본질과는 거리가 있지만, 제품 마케팅을 위해 인공지능이라고 홍보하는 경우이다. 고전적 인공지능이라는 2단계는 1단계의 조합일 뿐이지만 작동 패턴이 다양하여 지식 베이스 탐색, 추론이 가능하다. 로봇청소기나 단순한 챗봇 등이 이에 해당하는데, 이 단계의 인공지능 역시 학습력이 없어 기능이 확장될 수 없으므로 인공지능이라고 하기에 부족함이 많다.

2020년대를 살아가는 우리가 비로소 인공지능의 위력을 실감할 수 있는 단계는 3단계와 4단계이다. 이 두 단계는 기계학습(machine learning)이라고 불리는, 데이터에 대한 기계의 경험적 학습이 이루어지는 단계이다. 이 두 단계에서는 기계가 대량의 데이터(big data)를 바탕으로 고도의 판단을 할 수 있다. 3단계에서는 주어진 데이터와 수학적 모형을 통해서 규칙과 지식을 추론·학습하는 수준에 머무르는 데 반해, 4단계는 기계가 데이터에 내재한 특징을 스스로 발견하고 이를 기반으로 학습하는 수준이다. 그래서 4단계 인공지능 학습을 '특징 표현 학습'이라고도 한다. 좀 더 구체적으로 말해 3단계는 데이터에서 가치 있는 특징을 인간이 입력하면 기계가 수학적 모형에 따라 추론·학습하는 단계이고, 4단계는 기계가 인간의 뉴런 신경망과 같은 심층적 인공신경망을 통해 스스로 데이터 속의 가치 있는 특징을 발견하여 추론 · 학습을 진행하는 단계이다.

4단계 인공지능에 의한 학습을 심층학습(deep learning)이라고 하는데, 이것도 기계학습의 일종이지만 이전의 기계학습과는 큰 차별성이 있기에 대개 별도로 다루어진다. 특히 심층학습이라는 용어는 신경망의 층위가 단순히 입력 층위와 출력 층위만 있는 것이 아니라 숨은 층위까지 있는 데에서 비롯한다. 인간의 감각에 유추해 말하면, 입력(감각 기관의 자극)과 출력(뇌의 인지) 사이에 수많은 층위의 신경망이 존재하는 것과 같다. 숨은 층위가 다층적일수록 복잡한 정보를 정확히 처리할 수 있다. 알파고는 이세돌을 가볍게 제압함으로써 심층학습의 위력을 입증하였다. 의사들(전문가 집단)이 특정 질병과 관련한 데이터를 입력하면 그에 따라 병을 진료하는 것은 3단계 인공지능의 작업 사례이고, 자율주행은 4단계 인공지능의 작업 사례이다. 고양이 얼굴 인식과 같이 단순한 작업조차 'if···(어떠어떠한 특징이 나타나면), then···(그것은 고양이이다)'과 같은 수학적 모형을 통해 이루어지는데 고양이 얼굴을 인식시키기가 매우 어려우므로, 4단계가 되어서야 성공적으로 해낼 수 있게 된다. 자연어 처리의 한 분야인 기계번역에서는 언어의 복잡성과 맥락의 다양성 때문에 4단계 인공지능조차 인간의 수준에는 한참 미치지 못한다. 그러나 인공지능이 원문과 인간의 번역문을 빅데이터로 심층학습하고 나서부터 번역한 결과물 품질이 나날이 높아지고 있는 것도 사실이다.

3, 4단계의 인공지능을 상어에 비유하고 빅데이터를 바다에 비유하는 이가 있다. 바다가 되기 전, 그러니까 대량의 데이터가 집적되기 전의 인공지능은 연못이나 호수에 사는 물고기 정도였다. 20세기 말에서 21세기 초에 언어공학에 대한 열망이 뜨거웠던 데 비해 성과가 미흡했던 이유는 빅데이터 구축이 미진했고 빅데이터 처리 기술도 낮은 수준에 있었기 때문이다. 이제는 빅데이터의 양과 처리 기술이 비약적으로 발전함으로써 자연어 처리와 이해에서 인공지능의 수준은 하루가 다르게 높아지고 있다.

기계학습

기계학습은 지도학습(supervised learning), 비지도학습(unsupervised learning), 강화학습(reinforcement learning) 이렇게 세 가지로 나뉜다. 준지도학습(semi-supervised learning)을 따로 분류하기도 하지만, 이는 지도학습과 비지도학습의 절충 형태이기 때문에 원리적으로 별개의 것은 아니다. 이 세 가지 학습방법은 인공지능의 시대적 발전 순서로 나열된 것이지만, 지도학습이 강화학습보다 더 필요할 때도 있다. 세 학습방법은 인공지능에게 어떠한 작업을 시킬 것인가에 따라 달리 선택되는 것이지 우열이 있는 것은 아니다.

지도학습은 인공지능이 학습해야 할 데이터에 인간이 정답을 기록해주고 그 정답에 이르는 과정을 학습시키는 방식으로 이루어진다. 기록되는 정답을 '꼬리표(label)'라고 하고 정답을 기록해주는 것을 '꼬리표 붙이기(labelling)'라고 한다. 비지도학습은 이와 반대로 꼬리표를 붙이지 않은 데이터를 통한 학습을 가리킨다. 비지도학습에서는 기계가 데이터의 특징을 단순화하여 군집화(clustering)한다. 지도학습 결과의 쉬운 예로 자동차 번호판 자동 인식을 들 수 있고, 비지도학습 결과의 쉬운 예로 인터넷의 특정 주소에서 사용자가 좋아할 만한 상품 광고를 많이 띄우는 것을 들 수 있다.

강화학습은 인공지능의 전체 학습을 구성하는 여러 단계의 행동에 대해 결과에 따라 보상이 주어지는 학습을 말한다. 단순히 말해 훈련 데이터가 따로 없고 실전을 통해 훈련되는 학습이라고 할 수 있다. 예를 들어 게임이나 미로 찾기 같은 과제에서 인공지능은 단번에 결과(출력)를 얻지 못하고 여러 과정을 거치게 되는데, 시간이 지난 후 얻는 결과의 성공 여부나 정도에 따라 이전의 과정을 평가하여 성능을 높일 수 있다. 이를 수없이 반복하는 것이 강화학습이다. 인공지능의 자연어 처리에서도 목적과 편의에 따라 위 세 가지 학습이 고루 적용되고 있다. 이상을 요약하면 다음과 같다(마창수 · 최재철, 2019: 72).

자연어 처리

자연어 처리(natural language processing, NLP)는 기계가 자연어를 분석, 이해, 산출하는 모든 과정을 통칭한다. 특히 이해 부분만 떼어내 자연어 이해(natural language understanding, NLU)라고 하기도 한다. 이 글에서는 관례에 따라 자연어 이해를 자연어 처리에 포함되는 의미로 사용한다. 일반적으로 언어의 이해와 산출은 언어를 둘러싼 상황 맥락(context)에 완벽하게 들어맞아야 하지만, 인간은 종종 언어를 의도적으로 상황 맥락에 벗어나게 사용하기도 하고, 사전에 등재되지 않은 임시어나 창의적 비유를 사용하여 특정 효과를 거두기도 하기 때문에 자연어 처리는 심층학습을 하는 인공지능으로서도 쉬운 과제가 아니다. 비교적 간단한 튜링 테스트조차 확실히 통과한 자연어 처리 시스템이 아직 없다는 사실이 이를 잘 드러내 준다.

구글이 2018년에 개발한 BERT나 그것을 본따 한국전자정보통신원이 2019년에 개발한 KOBERT 같은 인공지능 언어모델은 심층학습으로 자연어 처리를 하고 있다. 방대한 빅데이터로부터 경험적 심층학습을 수행하는 최근의 인공지능은 특정 영역의 전문가가 가진 지식(domain knowledge)의 입지를 급격히 축소하고 있다. 그럼에도 불구하고 자연어 처리에서는 기계가 그것을 온전히 인지하기 어려울 뿐만 아니라 거의 무한에 가깝게 다양한 상황 맥락이 있다. 그렇기 때문에 심층학습으로 무장된 최신 인공지능에도 전문가 시스템(expert system)의 영역 지식을 활용하여 주어진 과제를 인공신경망이 해결하기 쉬운 형식으로 변형하는 것이 유용할 수 있다(박진호, 2019). 쉽게 말해 인간의 언어학 지식이 여전히 필요하다는 것이다. 물론 현재의 특화형 약인공지능이 아닌, 미지의 과제를 수행할 수 있는 범용 인공지능이나 스스로 생각할 수 있는 강인공지능이 개발된다면 인간의 언어학 지식은 거의 필요 없게 될 것이다. 다만 그것이 언제쯤 이루어질지는 가늠하기 어렵다.

인공지능과 작업의 종류에 따라 자연어 처리를 위한 학습방법은 달리 선택되지만, 언어학 지식을 응용하려면 지도학습 방법을 선택하게 된다. 어떤 방법이든 인공지능은 자연어 처리와 관련하여 음성 및 문자 텍스트 인식, 기계번역(단어 모호성 제거, 번역 단어 선택), 언어의 규칙 도출(문법 학습), 대화 패턴 분석, 문서 요약, 챗봇 등에 활용되고 있다. 자연어 처리의 기술을 설명하는 것은 이 글의 범위와 필자의 능력을 벗어나는 일이므로, 자연어 처리의 활용 분야를 중심으로 한 핵심어를 살펴보기로 한다.

말뭉치(corpus)

'말뭉치'로 번역되는 코퍼스는 언어(말/글) 데이터를 가리킨다. 최근의 말뭉치는 '데이터' 앞에 '빅'을 몇 번이나 붙여도 좋을 만큼 규모가 급팽창하고 있다. 미국, 중국, 일본 등에는 수백억 어절의 말뭉치가 구축되어 있다. 한국도 다소 늦었지만,

현재 수십억 어절의 말뭉치가 구축되어 있고 정부의 지원 아래 2022년까지 150억 어절의 말뭉치를 구축하는 것을 목표로 하고 있다. 앞서 인공지능이 물고기라면 빅데이터가 바다라고 하였다. 인공지능의 성능은 빅데이터의 양에 달려 있는데, 특히 복잡하기 짝이 없는 자연어 처리에서는 더욱 그러하다. 자연어를 처리하는 데에서 인간의 직관은 해당 언어 전체를 반영하지 못하기 때문에 말뭉치의 도움을 받는 것이 상식이 되어 있는데, 다만 그 방법론에서는 견해 차이가 있다. 철저히 말뭉치 정보에 근거하는 말뭉치-도출(corpus-driven) 접근법과 인간의 언어학적 지식을 바탕으로 말뭉치를 활용하는 말뭉치-기반(corpus-based) 접근법이 경우에 따라 선택되고 있다.

전처리(preprocessing)

기계가 특정 데이터를 분석 목적에 맞도록 분석이 쉬운 상태로 만드는 것을 전처리라고 한다. 자연어 처리에서는 말뭉치를 보정하고 가공하는 작업이 대표적인 예이다. 아무런 가공도 하지 않은 말뭉치를 원시 말뭉치라고 하는데, 전처리는 형태소를 분석하여 형태소에 형태범주를 붙이거나 구문을 분석하여 단어나 어절 등에 통사범주를 붙이는 작업 등을 통해 인간이 원시 말뭉치를 가공하는 작업을 뜻한다. 전처리 작업을 거친 말뭉치를 가공 말뭉치 혹은 주석 말뭉치라고 한다. 예를 들어 원시 말뭉치의 '고향을 떠났다'라는 구절에는 '고향(명사)+을(조사)+떠나(동사)+았(선어말어미)+다(어말어미)'와 같이 주석이 달린다. 이런 주석 말뭉치로 가공하는 이유는 말의 단위마다 문법적 정체가 주어져 있는 것이 자연어 처리의 효율을 크게 높이기 때문이다. 전처리의 중요성을 인식하여 카카오에서는 2018년부터 인공신경망을 기반으로 심층학습을 한 형태소 분석기 'khaiii'를 오픈소스로 제공하고 있다.

정보 검색(information retrieval: IR)

정보 검색은 컴퓨터의 자연어 처리 중 사람들에게 가장 먼저 주목받아 발전되어온 생활 밀착형 기능이라 할 수 있다. 자연어 처리에서는 최근 음성 검색 기술도 급속히 발전하고 있으나, 문자열 검색이 오래된 예이다. 국외의 구글이나 우리나라의 네이버와 같은 검색엔진은 이미 모르는 사람이 없을 정도로 문자열 인식은 컴퓨터의 자연어 처리를 대표한다. 자연어 말뭉치가 구축되어 있는 기계(인공지능)에 검색어를 입력하면 기계가 말뭉치로부터 검색어를 추출하는데, 일치하는 결과 중 적합도가 가장 높은 것부터 정렬하게 된다. 그런데 문자열을 단순히 인식만 해서는 검색의 잉여성이 필연적으로 발생할 수밖에 없다. 예를 들어 거의 우스개에 가까운 사례이지만 조사 '한테'가 쓰인 문장을 검색할 때 '대한테니스협회'가 추출되어 나올 수밖에 없다. 과거에는 이러한 잉여성이 그대로 노출되곤 했으나 최근에는 대규모 말뭉치가 구축되어 있을 뿐 아니라 그 활용 기술 역시 급속하게 발전하여 대중의 요구 정도, 현재성, 인지도 등에 따라 검색 결과가 사용자에게 유용할 확률이 높은 순서로 최적화되어 배열된다. 검색 속도를 높이기 위해서는 색인을 미리 생성해놓는 것이 중요한데, 색인 역시 인간이 입력해주는 단계는 넘어선 지 오래이고, 학습된 인공지능이 끊임없이 빅데이터로부터 새로 생성되고 있다. 우리가 검색엔진에서 검색어를 입력할 때 검색창에 미리 나오는 문자열들이 색인이라고 생각하면 된다.

텍스트 마이닝(text mining, TM)

우리 주위에는 수많은 비구조화된 데이터(unstructured/semi-structured data)가 존재한다. 비구조화된 데이터는 비정형 데이터로 불리기도 하는데, 일상의 그림, 영상, 음성, 문서, 심지어 인터넷의 수많은 URL처럼 일정한 규격이나 형태를 지니지 못한 데이터를 말한다. 이러한 데이터로부터 통계적으로 의미 있는 개념이나 특성을 뽑아 그들 사이의 패턴이나 추세 등 가치 있는 정보를 알아내는 것을 텍스트 마이닝이라고 한다. 텍스트를 분석하여 특정, 단어, 어구, 문장 등을 추출하고 시각화 등을 통해 유용한 정보를 제공할 수 있다. 텍스트 마이닝 중 가장 대표적인 것으로서 감성 분석(sentiment analysis) 혹은 의견 분석(opinion analysis)을 들 수 있다.

예를 들어 우리가 어떤 신제품에 대한 대중의 감성/의견을 알아보고 싶다고 하자. 그러려면 감성/의견과 관련된 특징적 언어 요소를 포착해야 한다. 특징적 언어 요소로 입력되는 것으로 ①감성/의견 표현의 대상(target) ②그 대상의 하위 특징이나 부분(aspect) ③감성적 어휘(sentiment) ④감성 표시의 주체(opinion holder) ⑤시간(time) ⑥부정이나 배제와 같이 강한 의미를 나타내는 극성 표현(polarity shifting device) ⑦정도 표현(polarity intensifier) ⑧비교 표현(compared entity) ⑨감성/의견의 출처(opinion source) ⑩감정 표시(emotion) ⑪굳어진 표현(frozen phrase/sentence) 등을 들 수 있다. 가령 새로 출시된 S사 휴대전화(①)의 디자인(②)을 '최고'와 같은 어휘(③)로 나타날 수 있다. 감성/의견의 누구의 것인지(④, ⑨)를 알 수도 있고, '현재, 과거' 같은 시간성(⑤)이 감성/의견에 동반될 수도 있고 '안, 못'과 같은 극성 표현(⑥)이나 '아주'와 같은 정도 표현(⑦), '보다, 만큼'와 같은 비교 표현(⑧)에서도 텍스트 생산자의 감성/의견이 반영될 수 있다. 'ㅠㅠ'와 같은 이모티콘(⑩)이나 "이번 제품 아주 웃겨."와 같은 굳어진(상투적) 표현(⑪)에도 감성/의견이 반영될 수 있다. 이러한 언어들을 종합적으로 처리하여 해당 제품에 대한 소비자의 감성/의견을 총체적으로 파악할 수 있다.

텍스트 마이닝과는 달리 일정한 규격이나 형태를 지닌 구조화된 데이터, 즉 수치로 표시된 데이터(numeric data)에서 가치 있는 정보를 추출하는 경우도 있다. 가령 우리나라 기업들의 각종 회계 정보는 구조화된 데이터라고 할 수 있는데 이를 해석하여 새로운 정보를 추출할 수도 있다. 구조화되었든 비구조화되었든 모든 데이터로부터 정보를 추출하는 것을 데이터 마이닝이라고 하는데, 텍스트 마이닝은 데이터 마이닝의 일종으로서 빅데이터 분석의 핵심을 이루고 있다.

기계번역(machine translation, MT)

기계번역 또한 두말할 필요가 없는 자연어 처리의 대표적 활용 분야이다. 기계번역을 위해서는 NLU가 선행되어야 하는데, 자연어를 이해하는 것은 형태 분석, 통사 분석, 의미 분석, 활용 분석에서 하나도 어김이 있어서는 안 되므로 난제 중의 난제이다. 특정한 뜻을 문장으로 산출하는 것보다 훨씬 어렵다. 음성 텍스트는 음성 분석까지 선행되어야 하므로 인공지능에게 이해시키기가 더욱 어렵다. 우스개로 "Time flies like an arrow."와 같은 짧은 문장조차 "시간 파리들이 화살을 좋아한다."와 같은 번역문을 생성할 정도이다.

위 문장의 예에서 알 수 있듯이 자연어 처리에서는 중의성 처리가 매우 중요하다. 자연어는 형태소와 단어/어절과 같은 문법(의미)단위로 이루어져 있고, 주석 말뭉치를 통해 형태소 분석 능력을 갖춘 인공지능은 특정 맥락을 분석하여 '자는'을 '자(명사)+는(조사)'로 이해해야 할지 '자-(어간)+-는(어미)'로 이해해야 할지 결정한다. 통사 분석 역시 그러하다. "진희는 동수와 연호를 만났다." 같은 문장도 '동수'가 진희와 함께 연호를 만난 주체인지 진희가 연호와 함께 만난 대상인지를 맥락으로 결정한다. 이러한 결정 과정은 지도학습으로 이루어지기 어렵고 비지도학습이나 강화학습으로 이루어진다.

자연어 이해에는 규칙/패턴 기반 방법론, 예시/검색 기반 방법론, 통계 기반 방법론, 인공신경망 기반 방법론이 고루 쓰인다. 초기의 자연어 처리 방법론인 규칙/패턴 기반 방법론은 인간의 언어학적 지식을 모두 기계에 입력하여 지도학습을 시키는 것인데, 엄청난 비용을 투입해도 만족할 만한 성과를 낼 수 없었다. 그러나 앞서 언급했듯이 언어학 지식이 활용될 여지는 많으므로 규칙/패턴 기반 방법론으로 통계 기반 방법론이나 인공신경망 기반 방법론을 보완할 여지는 많다. 예시/검색 기반 방법론은 미리 수십만 문장의 번역 예시를 입력해놓고, 문장이 입력되면 그중 가장 유사한 번역 문장을 찾게 하는 것이다. 이는 정확도 면에서 많은 단점이 있어 통계 기반 방법론으로 대체되었다. 통계 기반 방법론은 현재 구글 번역 등에서 사용하고 있는 보편화된 번역 방법이다. 입력된 문장을 분절하여 단어/어절 번역 확률, 구절 번역 확률, 어순 조정 확률 등을 탐색하여 가장 높은 확률의 문장으로 번역하는 방법이다. 입력어 언어의 데이터와 출력어(번역어) 언어의 데이터가 모두 방대하게 구축되어야 쓸 수 있는 방법인데, 쉽게 예상할 수 있듯이 번역의 영역이 번역의 품질을 결정하는 중요한 요인이다. 예를 들어 입력어가 신문기사 문장인데 누리소통망(SNS)에서 번역해 출력하려고 한다면 번역의 정확도가 현저히 떨어지게 된다. 인공신경망 방법론으로 번역을 하는 것은 아직 개발 초기 단계에 있으며 고성능 컴퓨터라도 처리 시간이 매우 많이 걸리기 때문에 아직 상용화되지 못하고 있다.

언어 연구와 외국어 교수 · 학습

인공지능이 언어 연구에 활용되는 영역은 매우 광범위하다. 주석 말뭉치는 단어의 구조나 생성을 연구하는 형태론에 활용될 수 있으며 문장의 구조나 생성을 연구하는 통사론에도 활용될 수 있다. 말뭉치에서 특정 어휘 요소나 문법 요소의 시대별, 텍스트별 사용 빈도나 추이를 분석할 수도 있기 때문에 특정 어휘나 구절이 역사, 사회, 문화 등과 어떤 관계를 보이는지를 연구하는 데에도 도움을 준다. 특히 계통이 같은 여러 언어의 어형을 비교하여 공통 조상어를 추정하는 것과 같이 규칙성을 찾아내는 것이 중요한 비교언어학 분야에서는 지도학습을 거친 인공지능이 언어학자보다 더 나은 능력을 보이고 있다.

인공지능의 자연어 처리는 외국어 교수 · 학습에도 활용된다. 외국인의 학습 말뭉치와 오류 말뭉치는 굳이 가공하지 않은 원시 말뭉치라도 가치가 있다. 컴퓨터 기반 언어 교육(computer-based language instruction)과 컴퓨터 기반 언어 학습(computer-based language learning)에 인공지능의 자연어 처리를 활용할 수 있다. 외국어로서의 한국어 교육을 예로 들면, 일상적 담화 패턴과 한국어 교재 담화 패턴의 차이점을 분석하여 한국어 교육용 말뭉치를 구축하고 그에 기반한 튜터링 챗봇을 개발할 수 있다. 교수-학습을 위한 담화의 특성은 발화의 바뀜에서 규칙성과 인과성이 강하고 담화의 화제가 뚜렷하며 담화의 구조가 체계적이다. 구어 담화라도 문어적 특성이 강하다고 할 수 있는데, 이러한 말뭉치를 대규모로 구축하면 한국어 교육적으로 더 유용한 챗봇을 개발하는 데에 이용할 수 있다. 이미 세종학당재단에서 한국어 교수-학습용 챗봇 개발을 수행하고 있다.

음성 인식/합성, 문서 요약 등

위에서 설명한 분야 외에도 인공지능은 인간의 음성을 인식하고 의미를 해석하는 것을 넘어서 특정인의 음성적 특징을 학습하여 특정 음성을 합성하는 음성 인식/합성(speech recognition/synthesis)도 수행할 수 있다. 이는 물리적 소리인 음성을 인식하고 만들어내는 것이므로, 형식과 의미의 결합체를 다루는 자연어 처리보다는 상대적으로 쉽다. 또 어휘나 구절의 빈도, 문장 의미와 맥락 등을 분석하여 문서를 요약하는 기능도 있다. 아직까지 기계가 충분한 수준의 학습이 이루어지지 않은 탓으로 현재의 문서 요약 기능은 문서의 일부, 특히 글의 도입부나 결말부를 중심으로 한 추출에서 크게 벗어나지 못하고 있는데, 명실상부한 요약이라면 기계가 전체 글의 의미적 핵심을 파악하여 요약 문장을 생성할 수 있어야 할 것이다. 기술적으로는 이것이 먼일이 아니고 가까운 시일 내에 실현될 수 있을 것이나, 실제 요약봇의 개선은 사람들의 필요에 따라 이루어질 것이다.

특이점과 인공지능

미지의 세계는 우리에게 설렘과 동시에 두려움을 안겨준다. 현재의 기술력으로 보면, 인공지능이 자연어 처리를 인간 수준으로 수행하는 것을 상상하기란 매우 어렵다. 그러나 언젠가는 인공지능이 상황에 완벽하게 맞게 자연어를 이해하고 산출할 수 있는 날이 반드시 올 것이다. 이른바 특이점(singularity)을 돌파하여 신과 같은 능력을 지닐 것이라고 하는 초인공지능의 수준에 도달하기도 전에 그러한 일이 가능해질 수도 있다. 그날이 설렘의 대상일지 두려움의 대상일지에 대해서는 치열한 논쟁이 있으나, 시대의 흐름을 거꾸로 돌리기는 어려울 것이다. 이 글이 인공지능의 자연어 처리를 이해하기 위한 입문적 배경지식을 전달하는 역할을 했으면 하는 바람이 간절하다.

강범모, 《언어, 컴퓨터, 코퍼스 언어학》, 고려대학교출판부, 2011.

권혁승 · 정채관, 《코퍼스 언어학 입문》, 한국문화사, 2012.

김명락, 《이것이 인공지능이다》, 슬로미디어그룹, 2020.

김한샘, 〈한국어 교육용 AI 기반 대화 시스템 개발을 위한 기초 연구 - 세종학당재단의 사례를 중심으로〉, 제22회 서울대학교 국어교육연구소 국제학술대회 발표문, 2020.

김한샘 · 한지윤 · 최경호 · 정해영 · 곽용진, 〈한국어 튜터링 챗봇을 위한 말뭉치 구축의 필요성과 방법론〉, 《국제어문》 75, 2017.

뉴턴 편집부, 《Newton Highlight 121: 인공지능》, 아이뉴턴, 2018.

뉴턴 편집부, 《Newton Highlight 126: 인공지능과 산업》, 아이뉴턴, 2019.

레이 커즈와일, 윤영삼 옮김, 《마음의 탄생》, 크레센도, 2016.

마창수 · 최재철, 《실무가 훤히 보이는 머신러닝 & 딥러닝》, 책만, 2019.

류한석, 《미래인을 위한 테크놀로지 교양》, 코리아닷컴, 2019.

박진호, 〈딥러닝 기반 자연어 처리에서 도메인 지식의 역할〉, 《인공지능인문학연구》 4, 2019.

사이언티픽 아메리칸 편집부 엮음, 《인공지능》, 한림출판사, 2016.

손화철 · 이광석 · 이정모 · 이정엽 · 임태훈 · 장은수 · 한기호, 《4차 산업혁명이라는 거짓말》, 북바이북, 2017.

야노 가즈오, 홍주영 옮김, 《데이터의 보이지 않는 손》, 타커스, 2015.

이민행, 《빅데이터 시대의 언어 연구: 내 손 안의 검색엔진》, 21세기북스, 2015.

이인식, 《4차산업혁명은 없다》, 살림출판사, 2017.

클리퍼드 픽오버, 이재범 옮김, 《인공지능: 100개의 징검이야기》, 지식함지, 2020.

한국스켑틱 편집부, 《한국 스켑틱 Vol.11: 인공지능의 위협은 실재적인가》, 바다출판사, 2017.

한석희 · 송형권 · 이순열 · 조익영 · 장원중 · 변종대 · 임채성, 《4차 산업혁명 어떻게 시작할 것인가》, 페이퍼로드, 2016.

유혜원 · 이동혁 · 한정한 · 남경완, 《한국어 정보 처리 입문》, 커뮤니케이션북스, 2007.

홍윤표, 《국어 정보학》, 태학사, 2012.

MBN 일자리보고서 팀, 《제4의 실업》, 매경출판, 2017.

LG CNS 정보기술연구소, 〈인간의 언어를 이해하는 기계, NLU〉, LG CNS, 2018. 03. 26.
blog.lgcns.com/1672 (마지막 접속 2021. 04. 14.)

LG CNS 정보기술연구소, 〈인간의 언어를 이해하는 기계, NLU에는 어떤 것이 있을까?〉, LG CNS, 2018. 04. 03.
blog.lgcns.com/1680?category=515093 (마지막 접속 2021. 04. 14.)

박현진, 〈인공지능 언어모델 '버트(BERT)'는 무엇인가〉, 인공지능신문, 2019. 01. 03.
www.aitimes.kr/news/articleView.html?idxno=13117 (마지막 접속 2021. 04. 14.)

정한영, 〈자연어이해(NLU)란 무엇인가?〉, 인공지능신문, 2020. 04. 05.
www.aitimes.kr/news/articleView.html?idxno=15918 (마지막 접속 2021. 04. 14.)

'자연 언어 처리', 나무위키, 2021. 03. 05.
namu.wiki/w/자연%20언어%20처리 (마지막 접속 2021. 05. 10.)

최창현, 〈자연언어처리(NLP)란 무엇인가… 그 기술과 시장〉, 인공지능신문, 2020. 01. 02.
www.aitimes.kr/news/articleView.html?idxno=15036 (마지막 접속 2021. 04. 14.)

2부

세계와 역사에 묻다

이제 다시 염치(廉恥)를 생각할 때

이화형

삶도 원하는 바요 의(義)도 원하는 바이지만, 이 두 가지를 모두 얻을 수 없을 때 구차한 삶보다는 차라리 의로운 죽음을 택하겠다던 옛사람들이 존경스럽다. 사람은 잘못이 있으면 부끄러워할 줄 알아야 한다. 인간은 결핍의 존재이므로 잘못하거나 실수도 할 수 있다. 그러나 우리 자신은 결함이 없는 것처럼 말하고 잘못이 드러나도 당당한 듯이 행동하는 것이 현실이 아닌지 되돌아볼 필요가 있다. 이제 다시 염치를 생각해야 할 때다.

바른 정치는 양심에서 시작된다

"정치는 바르게 하는 것(政治正也)"이라고 공자는 말했다. 그런데 현실의 정치판은 온통 말잔치인 것 같다. 옛 성현들은 말을 함부로 하지 않았다. 왜냐하면 자신의 행동이 말에 미치지 못하게 됨을 부끄러워했기 때문이다. '침묵은 금이다.'라는 말이 사라진 지 오래되었다. 오늘날 정치인은 10분에 세 번 거짓말한다는 책까지 나와 있다. 수년 전 지방자치단체장들이 내건 공약 이행률을 조사한 결과 약 40퍼센트는 헛공약이었다는 사실이 밝혀졌다. 정치를 꾀로 하고 말로 해서는 안 된다. 정치인에게는 양심과 정의가 살아있어야 한다. 정치권의 듣기 좋은 말의 유혹 속에 국민의 불신과 개탄이 깊어지고 있다.

힘으로 남을 복종시키는 것은 진정성이 없다. 덕으로 대할 때 마음속으로 기꺼이 따르는 것이다. 마치 경서에서 "덕으로 다스리는 것은 북극성이 제자리에 가만히 있어도 뭇별들이 저절로 북극성을 바라보고 도는 것과 같다."라고 한 것과 다르지 않은 이치다. 새 정부가 출범할 때마다 내놓았던 약속은 얼마나 지켜졌는가. 국가를 통치하는 사람은 권위를 믿고 따르는 자들에 대한 보답에 치우쳐서는 안 된다. 어느 누구도 소외되지 않도록 덕성을 갖춰야 할 의무가 있다. 요즘은 너무나 사적인 이념과 취향에 매몰되어 국민 간의 갈등을 조장하는 용렬한 지도자들이 많아 걱정이 이만저만이 아니다.

7년 연속의 가뭄 앞에 22세의 젊은 세종은 세종로 네거리에 가마솥을 내걸고 죽을 쒀 백성들에게 나눠주도록 했다. 어느 날부터는 경회루 동쪽에 초막을 짓고 살았다. 신하들이 침전에 들기를 호소해도 "백성이 굶는데 편하게 잘 수는 없다."라고 답했다. 나라에 변고가 있을 때는 근신하는 뜻으로 반찬의 가짓수나 식사 횟수를 줄이는 '감선(減膳)'과 고기반찬을 들지 않는 '철선(撤膳)'을 반복했다. 세종 리더십의 핵심은 백성의 삶을 진정으로 걱정하는 양심이었다.

인조에 의해 쫓겨난 광해군은 폭군으로 그려졌지만, 그는 임진왜란의 위기 속에서 백성들의 절대적인 신망을 얻었고, 폐위되기 전까지도 백성의 편에서 개혁정치를 펼쳤다. 뇌물이 성행하고 세금 착복도 많던 시기에 광해군은 대동법이라는 세제개혁으로 고통받는 백성들을 위로하였다. 토호 세력과 상인들이 극렬하게 반발했고 안타깝게도 왕은 그들과 멀어져갔다. 자주와 자립을 추구하던 광해군은 모화주의자들에게 쫓겨나 외로운 섬에 갇혀 생을 마쳐야 했다.

정조는 과거제도 개선과 탕평책 실시 등 개혁 정책을 통해 백성을 근본으로 하는 정치를 펼쳤다. 정조는 화성 축조라는 신도시를 건설하는 대역사에도 흉년이 들자 공사를 6개월이나 중단했고 민가의 피해를 줄이기 위해 성 둘레를 늘이기까지 했다. 농민의 부담을 줄이고 세제의 문란을 바로잡고 정치 기강을 확립하려 노력했다. 정조는 근본적으로 개혁을 이루지는 못한 채 세상을 떠나고 말았으나 백성을 위해 개인 재산인 내탕고도 아끼지 않았던 군주였다.

율곡 이이는 이상적인 정치를 위해서는 권력의 최고 자리에 있는 왕이 먼저 덕망을 갖추지 않으면 안 된다고 보았다. 그가 그토록 시대에 맞게끔 법률을 개정해야 한다고 주장한 이유도 바로 왕도정치를 멋지게 실현해보고자 했던 간절한 염원에서 나온 것이었다. 유교를 통치 이념으로 내세우면서도 법가의 방법론을 즐겼던 한무제를 연상케 한다.

인재 등용을 통한 정치 실현

야심 차게 출범한 역대 정권들에서 민심이 떠났던 이유 가운데는 기대했던 정치 민주화나 서민 경제의 활성화가 덧없이 사라진 실망이 크다고 본다. 집권한 후에는 권력자의 고향 사람과 모교 출신 숫자가 늘어왔다. 정치 부패와 불신을 예고하는 조짐이다. 세월이 흘러도 이런 현상은 크게 변화되지 않아 안타깝기 그지없다. 고위 공직자의 재산 공개와 자질 평가가 이루어지면 고위직 인사들의 도덕성 문제가 제기되어왔다. 인사 검증 실패 지적에는 침묵하고 의혹이 제기돼도 임명을 강행하고, '보은 인사' '낙하산 인사'는 여전하며, 요직을 특정 지역에 편중된 '코드 인사'로 채우는 것은 달라지지 않고 있다.

세종이 성군으로 군림한 이유 중의 하나도 능력 중심으로 인재를 등용했기 때문이다. 황희, 박연 등에 대한 부정적 평판에도 그들을 기용한 것이나 천민이었던 장영실을 국가의 과학 발전을 위해 과감하게 채용한 것은 빛나는 용단이 아닐 수 없다. 특히 세종이 남긴 업적 중에 절반은 황희의 공이라고도 하는데, 황희가 무려 24년간 정승 자리에 있으면서 훌륭한 인재들을 뽑아서 나라가 반석처럼 든든해졌다는 것이다.

중종이 "어떻게 하면 정치를 잘할 수 있겠느냐?"고 묻자 정암 조광조는 "군자와 소인을 가려 쓰면 됩니다."라고 대답했다. 중종이 "나는 군자와 소인을 구별할 수 없다."라고 솔직히 토로했다. 조광조의 대답은 절묘했다. "군자는 겸손하여 스스로 숨어 살고자 하기에 알아보기 힘들고, 소인은 아는 척 나대기 때문에 눈에 잘 뜨입니다."라고 했다. 정치의 성패는 숨은 인재를 발탁하느냐 그러지 않느냐에 있음을 알게 된다.

임진왜란이 확산되는 상황에서 명의 원병이 오고 이순신이 싸움에 이긴다는 소식을 들을 때마다 "참으로 하늘의 도움이도다."라고 안도한 것은 전시 총리 격인 서애 유성룡이다. 임란이 발발하기 전부터 병조판서를 지내고 있던 서애는 정읍현감 이순신을 일곱 계단이나 훌쩍 올려 전라좌수사로 앉혔다. 무엇보다 육군을 해군 장수로 바꾼 것은 기가 막힌 발상이었다. 영국의 넬슨 제독을 능가한다는 이순신의 존재를 발견한 유성룡이야말로 한국의 처칠이라 해도 과언이 아니다. 명장 권율을 추천한 것도 그였다.

인사 문제에 특별히 관심이 많던 조선후기 실학자 성호 이익은 "오늘의 벼슬아치들은 모두 친척과 사돈붙이들이 아님이 없다."라고 지적했다. 일부 특권층이 벼슬을 독차지하는 부조리한 인사 구조를 비판한 것이다. 성호는 "사람을 얻는 자 천하를 얻는다!"라는 정치철학을 터득하고 있었던 듯하다. 그는 "인재를 미리 확보해두고서 쓸 일이 있을 때 대비한다."라는 '저인대용(貯人待用)'을 제안하면서 전형을 맡은 자로서 시골 인재를 추천하지 않은 자는 벌을 주어야 한다고까지 말했다.

물은 배를 뒤집을 수 있다

당나라 《정관정요》에 "군주는 배요, 백성은 물이다. 물은 능히 배를 띄울 수 있지만 때로 배를 전복시킬 수도 있다."라고 했다. 수년 전 야당 대표가 한 말이 지금도 생생하다. 그는 국회 비교섭단체 대표 연설에서 "지금 이 나라 행정부 전체가 졸렬한 홍위병적 행태를 보이고 있다."라며 국무회의에서 기자실 통폐합 조치를 심의한 국무위원들을 강도 높게 비판한 바 있다. "그 많은 국무위원들이 꿀 먹은 벙어리처럼 대통령 말에 '지당하십니다.'라는 말만 해서야 그게 무슨 국무회의냐."라고 개탄하였다. 대통령에게 직언하지 않는 국무회의는 조선 시대 어전회의만도 못하다고 쓴소리를 한 것이다.

제나라 경공이 정치가 뭐냐고 물었을 때 공자는 "임금은 임금답고, 신하는 신하답고, 아비는 아비답고 자식은 자식다워야 한다."라고 했다. 각자 자신의 자리에서 자기의 역할을 충실히 하면 된다. 주어진 책임도 다하지 못하면서 욕심이나 내고 기웃거리는 모습이야말로 부질없을 뿐만 아니라 초라하기 그지없다. 그런데 갈수록 자존감의 원천인 양심은 사라지고 마침내 염치조차 찾아보기 힘들다. 오히려 작은 이익에도 소신을 저버리고 눈치 보기에 급급한 태도에는 측은하기까지 하다. 특히 권력을 바라보는 소인배들의 아부성 발언, 비판의 기능을 잃은 언론의 작태 등 우리 사회의 지성 집단에서 공적 역할을 다하지 못하는 현실이 참으로 안쓰럽다.

의(義)는 '수오지심(羞惡之心)'이라 하여 자신이 잘못하면 부끄러운 줄 알았고 남이 잘못을 하면 꾸짖을 줄 알았다. 그것이 국가의 기강을 세우는 인간의 도리라고 생각했다. 조선 성종 때의 일이다. 임금이 갑자기 승지, 사관, 육조, 삼사에 붓 40자루와 먹 20개씩을 각각 내렸다. "이것으로 내 잘못을 써서 올려라. 감히 잘 살펴 바른길로 이끄는 자를 직신(直臣)이라 하고, 아부를 떨며 잘한다고 하는 자를 유신(諛臣), 즉 아첨하는 신하라고 한다. 너희는 나의 직신이 되어다오."

죽음을 각오하고 연산군에게 바른말을 했던 내시 김처선의 직언은 우리를 숙연하게 한다. "이 늙은 몸이 여러 왕을 모셨지만, 임금처럼 막가는 행동을 하는 왕은 없었습니다." 이 말이 끝나기가 무섭게 연산군의 화살이 김처선의 가슴을 뚫었다. 솟구치는 피를 두 손으로 막으며 김처선은 계속 직언했다. "조정 대신도 마구 죽이시는 전하께서 저 같은 늙은이를 아끼시겠습니까. 단지 전하께서 오래 왕 노릇을 하지 못하실 것이 한이 되옵니다." 이 말에 더 화가 난 연산군은 김처선의 혀와 다리를 잘랐다.

남명 조식은 사직 상소를 통해 권신들의 무능과 부패를 지적하는 데 그치지 않고 문정왕후와 명종에게도 거침이 없었다. "대비께서는 궁중의 과부에 불과하고 전하께서는 어려 한낱 외로운 후사에 불과합니다."라며 "수만 갈래로 찢어진 민심을 무엇으로 수습하겠습니까?"라고 반문했다. 남명은 죽음을 무릅쓰고 사직의 이유 중 하나로 "벼슬을 도적해서 그 녹만 먹고 하는 일 없이 지내는 그런 신하가 되는 것을 원하지 않는다."라고 밝히기도 했다. 의(義)의 실천을 다지며 칼을 차고 다닌 선비로 알려진 남명의 강직함은 서늘하기까지 하다.

조선 말 면암 최익현은 도끼를 가지고 대궐 앞에 엎드려 상소했다. 상소를 받아들이지 않으려면 차라리 이 도끼로 내 목을 쳐달라는 목숨을 건 직언이다. 최익현은 조선과 중국을 일본이 삼키려 든다면 세계열강들에 의해서 반드시 패망할 것이라고 지적했다. 일본이 합병의 야욕을 불태우자 74세의 노구를 이끌고 제자들을 찾아다니며 의병 참여를 호소했고, 관군이 쳐들어오자 차마 동포는 죽일 수 없다며 의병을 해산했다. 일본조차도 체포한 그를 죽이지 못하고 대마도로 압송하였다.

선조의 반성을 촉구한 율곡

우리의 역사 속에 목숨을 걸고 직언을 하는 기개의 인물은 수도 없이 많았다. 율곡 이이는 29세에 문과에 장원급제하여 호

조좌랑을 첫 벼슬로 관계에 진출한 후 외직으로는 황해도 관찰사를 지냈고 내직으로는 이조판서 등을 역임하였다. 아홉 번이나 장원급제한 뒤 중앙의 요직을 두루 거친 율곡은 능력과 경륜을 지닌 정치인이었다. 그는 군주가 안일하게 지내려는 마음을 갖는다면 소인들은 반드시 그 틈을 노려 "국가는 이미 잘 다스려지고 있으므로 걱정할 것이 없습니다."라고 아첨할 것이라 적었다. 패기의 30대 청년 율곡의 붓은 힘이 넘치고 있었다. 율곡은 왕위에 오른 지 2년밖에 안 된 신참 군주에게 이같이 〈동호문답〉을 올린 것이다.

율곡은 그 후 〈만언봉사〉를 지어 5대 정책을 제시하는 가운데, 과감하게 당대의 피폐한 현실을 지적하면서 임금의 각성을 촉구했다. 그는 임금을 향해 "전하께서는 백성을 염려하여 주색을 즐기지 않고 노숙한 선비에 의지하고 덕망 있는 사람을 뽑아 쓰시므로, 마땅히 기강이 엄숙해지고 백성이 생업을 즐겨야 할 줄로 압니다. 그런데 관료의 기강이 말할 수 없이 해이해졌고 빈둥거리며 악행을 저지르는 백성이 많아 민생이 도탄에 빠졌습니다."라고 개탄했다.

그리고 "지금 전하께서는 훌륭한 일을 할 만한 자리에 계시고 그럴 만한 때를 당하셨는데도 기강이 이러하고 민생이 이러하니, 책임을 다하지 못하신 것입니다."라고 말하면서 "전하께서는 두렵게 여겨 반성하시기를 어찌 조금이라도 늦추실 수 있겠습니까."라고 강직한 발언을 서슴지 않았다.

율곡은 나이 어린 선조에게 큰 희망을 걸고 그가 훌륭한 군왕이 될 수 있도록 세심하게 자신의 의견을 개진하였다. 그는 정치란 제왕의 수양과 덕망에 의한 것이어야 한다는 덕치주의를 주장하였다. 40세가 되어서는 국왕이 유교 정치이념을 쉽게 익힐 수 있도록 《성학집요》를 지어 올렸다. 청렴하고 정의롭기로 유명한 율곡은 국가 경영의 근본은 '창업, 수성, 경장'에 있다면서 개혁을 뜻하는 '경장'을 강조하기도 했다.

율곡은 48세 때 병조판서로서 시국에 대한 의견서를 임금에게 올린 바도 있다. 그러나 '10만양병설'을 비롯하여 그의 제안들은 거의 실현되지 못한 채 선조 26년에 임진란을 맞게 되었다. 조선 최초로 '후궁의 손자'라는 열악한 입장에서 왕위에 올라, 정치적 위기에 몰릴 때마다 선위 파동으로 난국을 돌파해야 할 만큼 정통성 콤플렉스에 시달려온 선조에게 가혹하게도 국난이 닥친 것이다. 안타깝게도 선비가 뜻을 펼치기에는 주군의 도량이 크지 못했다.

먹고살 만해야 도덕이 바로 설 수 있다

자본주의는 한계를 머금은 채 우리의 삶 속에서 꽃을 피워나가야 할 중요한 자산이다. 우리는 자유로운 의식과 함께 행복한 인생을 누릴 권리가 있다. 평안하고 풍요로운 생활을 가꾸는 데 주저할 필요는 없다. 지나치게 정신적 가치만을 앞세우기에는 이미 설득력을 얻기 어렵다. 그런데도 아직도 경제적 부나 성장에 대한 무관심 혹은 오해 속에 청빈이나 분배의 가치만을 강조하는 경우가 있어 안타깝다. 3년 전부터 거의 매일 대중강연을 진행하고 있는 국내 모 자산운용업계 대표는 여전히 많은 사람이 주식투자를 위험하다며 꺼리거나, 부도덕하다며 색안경을 끼고 본다고 개탄한다. 그는 "금융문맹은 온 집안을 대대로 가난하게 만드는 전염병"이라며 "바이러스는 시간이 지나면 사라지지만 금융문맹은 사회적인 병으로 남는다는 점에서 훨씬 무섭다."라고 말하기도 한다.

선진국들이 산업화를 이루는 데 대략 250여 년이 걸렸다고 하는데 한국은 불과 30~40년 만에 산업화를 달성했다. 1950년대 많은 국가가 독립했으나 OECD에 들어간 나라는 우리밖에 없다. 2009년 우리는 글로벌 금융위기의 격랑을 헤치고 OECD 회원국 30개 국가 중 가장 빠른 경제 회복세를 보였으며, 1인당 GDP 성장률은 OECD 국가 가운데 거의 유일하게 플러스 성장을 달성했다. 그리고 2010년 1분기 경제성장률 역시 OECD 국가 중 1위를 차지한 바 있다. 드디어 한국은 아시아 최초로 G20 정상회의를 유치하는가 하면, 내로라하는 선진국들을 제치고 천문학적 규모의 UAE 원전 사업을 수주하기에 이르렀다. 그러나 최근 전문가들이 외환 위기와 금융 위기를 겪은 한국경제가 초유의 식물경제 위기를 맞고 있다고도 한다. 2020년 5월 케네스 로고프 하버드대학교 경제학과 교수는 팬데믹 이후 아시아 국가들은 장기적인 경제 위기에 직면해 있다고 지적하였다. 자영업의 위기, 수출의 감소, 경제성장률 저하 등 걱정거리가 많은 게 사실이다. 늘 어려움과 위기가 따르기 마련이나 경제력의 뒷받침 없이는 진정한 민주주의를 기대하기 어려움을 우리는 잠시도 잊어서는 안 된다.

서경덕의 제자로서 개혁적 인물이자 유능한 경제학자였던 토정 이지함은 이렇게 말했다. "대저 도덕이란 것은 근본이요, 재물이란 것은 말단이니, 본과 말의 한쪽에 치우쳐 한쪽을 폐해서는 안 된다. 본으로써 말을 제(制)하고 말로써 본을 제한 연후에야 사람의 도(道)가 궁하지 않게 된다." 도덕이 중요하지만, 도덕만으로 살 수 없다. 먹고살 만해야 도덕이 바로 설 수 있다. 거꾸로 물질적으로 풍요롭지만, 도덕이 타락한 세상 또한 사람이 살 만한 세상은 아니다. 민생 없는 도덕지상주의는 허위였다. 도덕과 경제를 함께 힘쓰는 것! 이것이 바로 경세제민을 추구한 사람들의 기본자세였다.

〈만언봉사〉에서 율곡은 백성의 소리는 하늘의 말씀이니 언제나 귀 기울여 들어야 하며, 백성을 선량하게 교화하기 이전에 배고프지 않게 해주어야 한다고 말했다. 또 백성이 행복하게 살도록 하는 것이 하늘이 임금을 세우고 나라를 다스리는 사람을 낸 까닭이라고 했다. 백성을 주체적 존재로 보지 못한 역사적 한계는 있으나 백성의 먹고사는 문제에 집중해야 할 통치자에 대한 강력한 촉구는 주목할 만하다. 신분적 지배 질서 아래

민생을 위한 견제와 균형의 장치가 보장되는 통치 방식을 구현하고자 했던 것이다. 그는 시대에 맞게 적절한 개혁을 단행하여 항상 새로운 정치가 이루어지기를 소망했다.

이용후생

실학의 비조라는 반계 유형원이 국가개혁론을 담은 필생의 역저인 《반계수록》을 다 쓴 후 붙인 글에서 "천하의 이치상 본과 말, 대와 소가 서로 떨어진 적이 없다. 치(寸)가 잘못된 자(尺)는 자 구실을 할 수 없고, 눈금이 잘못된 저울은 저울 구실을 할 수 없다."라고 했다. 사람들은 근본을 무겁게 인식하고 말단을 가볍게 생각하며, 큰 것을 중요하게 여기고 작은 것을 하찮게 취급하는 경향이 있다. 유형원은 현실이 뒷받침되지 않는 이상은 공허하다는 실학 정신으로 삶의 균형을 잃지 않기를 바랐다. 사실 심오한 도나 이치라는 것도 구체적 사물과 일을 통해서 드러나고 행해진다.

청담 이중환은 "우리나라는 산이 많고 평야가 적기 때문에 도로가 불편하여 온 나라 상인들이 모두 말에다 화물을 싣고 다닌다. 그런데 길이 멀면 운반비 때문에 소득이 적으므로 화물을 운반하거나 매매하는 이익은 배를 이용하는 것만 못하다."라고 했다. '물자유통이 경제발전의 관건이다'라는 제목을 붙일 수 있는 이 글은 경제 분야와 직결된 이중환의 주장이다. 인문 지리학자였던 이중환은 경제 발전을 위한 물자 유통의 활성화를 전제로 화물 운송의 방법 곧 선박 수송에 의한 통상의 효과에 초점을 두었다. 오늘날도 국가 경제 활성화의 일환으로 운송비 절감을 위해 산업도로를 신설하고, 물류센터를 짓고, 직거래 장터를 운영하는 것을 볼 때 그의 주장이 얼마나 선구적인가를 알 수 있다.

연암 박지원은 "담은 모두 벽돌로 쌓았고, 사람 탄 수레와 화물 실은 차들이 길에 즐비하며, 벌여놓은 그릇들은 모두 그림이 그려진 도자기였다. 어디를 보아도 시골티라고는 조금도 없었다."라고 말했다. 그가 청나라의 수도 연경을 다녀와 남긴 소감이다. 기왓조각이나 벽돌에서부터 도로와 차량에 이르기까지 정돈되고 활기찬 청의 모습에서 충격을 받은 그는 북벌론 등 선비들이 보인 배청의 위선을 꼬집고 실생활에 도움이 되는 이용후생의 학문을 주장했다. 박지원은 "생활이 풍족한 다음에 도덕을 바로 세울 수 있다."라고 했다. 청나라의 발전상을 관찰하고 돌아온 그는 새로운 농법을 시도하고 농사 관련 실용 서적들을 쓰기도 했다. 한편 국가의 번영을 위해서는 청나라의 시장과 상업, 역참과 교통, 건축물과 기계류 등 각종 선진 분야에서 필요한 것은 하나도 빠뜨리지 않고 배우고 실천하려는 실용 정신을 유감없이 발휘했다.

초정 박제가는 네 차례에 걸친 청나라 사행을 통해 100명이 넘는 중국 지식인들과 교유하면서 국제적 안목을 갖춘 글로벌 지식인이었다. 국내 산업에 있어서의 생산과 유통, 나아가 개방과 통상에 의거한 국가의 부강을 집요하게 추구했다. 박제가는 "중국은 사실 사치하다가 망했지만 우리나라는 검소한데도 쇠

퇴해지는 것은 무슨 까닭인가. 검소하다는 것은 물건이 있어도 남용하지 않는 것을 말하는 것이지, 물건이 없다 하여 스스로 단념하는 것을 말하는 것은 아니다."라고 하면서까지 경제활동 자체를 부정적으로 인식하는 사회적 관념에 도전한 혁신적 사고의 인물이었던 것이다. 그는 자신을 신임하던 정조에게도 수없이 개혁을 요구하며 "우리나라의 큰 병폐는 가난입니다. 가난을 구제하는 길은 중국과 통상하는 것뿐입니다."라고 하였다.

조선의 위대한 지식인이었던 다산 정약용은 뇌물 받지 않고 살아가는 관료의 어려운 삶을 토로했고, 〈가난〉이란 시에서는 "안빈낙도하리란 말을 했건만/막상 가난하니 안빈이 안 되네./아내의 한숨 소리에 그만 체통이 꺾이고/자식들에겐 엄한 교육 못 시키겠네."라고 적었다.

신용을 목숨보다 중시하였다

몇 년 전 아침 신문에 대문짝만하게 "걸릴 걱정 말고 돈만 갖고 오세요"라는 광고 문구가 실린 적이 있다. 정부가 투기를 막는다고 전 국토의 15.2퍼센트인 46억 평을 토지거래허가구역으로 묶었지만, 투기꾼들은 법망을 교묘하게 빠져나가고 있다. 최근 서울에 사는 B씨는 토지 거래 허가를 두 번이나 신청했는데도 허가가 나지 않자 궁리 끝에 무상증여 방식으로 거래를 위장한 뒤 용인에 있는 땅을 취득했다. 땅을 무상으로 증여할 때는 규모와 관계없이 토지 거래 허가를 받지 않아도 되는 점을 이용한 것이다. 부를 위해서라면 위법, 탈법은 별문제가 되지 않고 있는 현실이다.

욕심 가운데도 재물욕은 가장 심한 편이어서 우리가 살아가면서 청렴을 언급한다는 게 어색할 수도 있다. 그러나 아무리 흐름이 거세더라도 원칙이 사라지게 해서는 안 된다. 경제정의실천시민연합(경실련)은 국회의원들의 신고 재산이 국민의 5배가 넘는다고 발표한 바 있다. 또한 "부동산 투기 공화국이라고 해도 과언이 아닌 대한민국에서 막대한 부동산 재산을 보유하면서 서민을 위한 성실한 의정활동이 가능할지 의문스럽다."라고 말했다. 최근 모 항공이 완전 자본 잠식에 빠진 저비용 항공사에 대한 인수 계약을 해지하겠다고 발표했다. 이대로라면 계약 해지되는 항공은 법적 청산이 불가피하며 천 명이 넘는 직원이 수백억 원의 체불 임금도 받지 못한 채 일자리를 잃게 된다고 한다. 회사를 이 지경으로 만든 창업주는 10~20대 자녀들에게 지분을 넘겨 실질적으로 회사를 지배하면서도 사태 해결에 최선을 다하기는커녕 대놓고 '국민 세금 지원'을 요구하고 있다고 한다.

우리의 경주 최부잣집은 1년에 1만 석 이상 모으지 마라, 흉년에는 남의 논밭 사지 마라, 사방 100리 안에 굶어 죽는 사람 없게 하라는 등의 가훈이 있었기에 12대 300년을 유지할 수 있었다. 조선 최고의 부자인 역관 변승업의 조부는 얼굴도 모르는 거지 차림의 허생에게 차용증도 받지 않고 1만 냥을 선뜻 꿔줄 정도로 타인에게 인색하지 않았다. 돈이 많은 부자든 상인이든 그들에게 돈 자체가 목적은 아니었다. 더 소중한 것은 '신의'였던 것이다. 과학자 담헌 홍대용은 "신분에 관계없이 노동을 해야 하며 노동하지 않고 놀고먹는 것을 허용하지 말아야 한다."라고 했다. 그러나 노동의 가치를 역설하면서 생산 활동에 적극 참여할 것을 촉구했던 홍대용도 "농사를 짓고 장사를 한다 해도 진실로 의리를 먼저하고 이익을 뒤로 해야 한다."라고 했다. 인간의 생산 활동을 중시하여 "이익을 얻어 관혼상제의 비용에 대비하면 해로울 것이 뭐 있겠느냐."라고 한 바 있으며, 선박 통상으로 이익을 극대화해야 한다고 주장했던 이중환조차도 갑자기 거부가 되고 지나치게 이익을 추구하는 것에 대해서는 경계하였다. 김옥균같이 근대 개혁을 위한 신기술의 도입, 산업의 발달, 국가재정 확충 등을 주장하던 급진 개화파의 인물도 경제에서 의리가 먼저임을 역설한 점을 보면 물질에 대한 욕심으로 인간의 순수한 정신이 훼손되는 점을 경계했던 한국인의 인식을 엿보게 된다.

개성 및 의주상인

사람을 만나다 보면 너무나 물질과 금전에 대한 욕망이 강하고 재테크에 대한 관심과 능력들이 있어 보인다. 마치 경쟁이라도 하듯이 땅을 사고 아파트를 마련하는 등 어느 누구도 예외가 없는 것 같아 어느 때는 소외감마저 느끼기도 한다. 그럴 때면 겨우 '견리사의(見利思義)' 즉 '이익 앞에서 의리를 생각한다.'라는 고리타

분한 말로 대충 넘어가곤 한다. 그러나 물욕이 가져다주는 만큼의 인간적 신뢰가 떠나는 허전함은 내 뇌리를 떠나지 않는다.

문명과 지식의 발달은 우리의 삶을 윤택하게 해주기도 하지만, 이를 악용하여 이득을 취하는 사람들도 많다. 이러한 문제는 전 세계 대부분의 나라에서 겪고 있는 고질적 현상이기도 하다. 때문에 국제투명성기구는 전 세계 180여 개국을 대상으로 매년 국가 청렴도를 측정하여 평가 지표를 발표하고 있다. 2019년 기준 동북아시아의 경우 일본은 20위, 한국은 39위, 중국은 80위이다. 아직도 우리에게 분발할 여지는 충분하다.

제국의 황혼기에 외국 상인에 굳건히 대항할 수 있었던 것은 개항 이전부터 상업을 발달시켜온 개성상인이었다. 오래전 모 일간지에서 〈불황 때 빛난다, 개성상인의 후예들〉이라는 기사를 본 적이 있다. 한일시멘트, 신도리코, 녹십자, 태평양 등 개성상인의 피를 이어받은 대표적인 기업들이 돋보이는 성적을 냈다는 것이다. 아모레퍼시픽은 1945년 설립 후 국내 화장품 시장에서 만년 선두기업이다. 창업자 서성환 회장이 1973년 국내 최초의 한방 화장품 '진생삼미'를 해외시장에 선보였는데 아모레는 이를 기반으로 1997년 경희대학교 한의대와 공동연구를 통해 설화수를 탄생시켰다. 세계 시장에서 최고급 제품으로 통하는 설화수는 아모레퍼시픽의 대표 브랜드로 2013년 화장품 업종 전체 판매 1위를 기록했다. 개성상인들은 "덕을 베푸는 것이 근본이고 돈을 버는 것은 그 결과다(德本財末)."라는 경영철학을 지니고 있었다. 즉 개성상인들에게는 '첫째, 남의 돈으로 사업하지 않는다. 둘째, 한 가지 업종을 선택해 그 분야 최고 기업으로 키운다. 셋째, 목에 칼이 들어와도 신용을 지킨다.' 등과 같은 면면히 이어져오는 5대 신조가 있었다.

청의 상인들이 조선의 인삼을 헐값에 사려고 불매동맹을 획책하기에 이르렀다. 의주상인 임상옥은 자신이 가지고 간 인삼 꾸러미에 불을 질렀고 상인들이 일제히 달려들어 불을 끄자 그는 "영약을 천대하는 사람들에게 파는 것은 조선의 영토(靈土)를 욕되게 하는 것이다."라며 다시 불을 붙이려 했다. 그러자 그 자리에서 값이 열 배나 뛰었다. 조선 상인들은 사신단이 돌아갈 때까지 물건을 팔아야 했으므로 시간 끌기와 담합으로 나오는 청 상인들에게 속수무책으로 당해왔다. 《매천야록》에서 "베이징 사람들은 지금도 그의 이름을 들먹인다."라고 전할 정도로 임상옥은 하늘이 낸 큰 부자였다. 그러나 그는 불우이웃과 이재민을 돕기 위해 여러 차례 거금을 내놓는 등 돈을 유용하게 쓸 줄을 알았다. 벼슬에서 물러난 임상옥은 "빈민구제와 시와 술로 여생을 보냈다."라고 전한다. 그가 지은 시 가운데 한 구절이 "재물은 물처럼 평등해야 하고 사람은 저울처럼 곧아야 한다."이다. 드라마로 각색되기도 한 최인호의 소설 《상도》의 모델이 된 것도 임상옥이다. 베이징, 난징 등 중국에서 거상이 된 임상옥 · 홍득주 · 변승업 등의 의주상인들은 근대 해외에서 활동한 한상(韓商)의 뿌리라 할 수 있다.

위기를 극복하는 지혜,
통신사와 재난

이재훈

한국과 일본의 무역 분쟁은 느닷없이 닥친 코로나바이러스라는 악재로 비자 발급까지 까다로워지면서 좀처럼 회복될 기미가 없다. SNS에서 서로에 대한 근거 없는 비방으로 시작했던 공격이, 재난이 닥친 상대국에 대한 조롱으로까지 이어졌다. 불행이 겹친 한 편의 막장드라마를 연상케 하는 이 관계에 해피엔딩이 있을까?

사실 지금도 악감정이 고조되어 있긴 하지만 한반도에서 일본에 대해 가장 나쁜 인식을 가진 시기는 아마 임진왜란 때일 것이다. 임진왜란 · 정유재란이 벌어진 7년 동안 전 국민의 3분의 1이 죽고 물적으로도 헤아릴 수 없는 많은 피해를 입었다. 피해에 순위를 매기는 일은 쓸모없지만, 이 시기에는 같은 하늘

아래 있을 수 없는 원수라 표현할 정도였으니 가히 첫 번째로 꼽기에 부족함이 없다. 이 두 전란으로 영원히 단절될 줄 알았던 두 나라의 관계는 우여곡절 끝에 교류를 재개한 후, 전 세계적으로 전례를 찾아볼 수 없는 사백여 년간의 긴 평화를 유지한다. 그 상징으로 여겨지는 것이 피랍된 포로를 송환하고, 사신을 파견하여 국서를 전달하며, 문화적인 교류를 행했던 조선통신사(이하 통신사)이다.

외교 사절단, 조선통신사

통신사행은 흔히 알려진 바와 같이, 우호적이고 안전한 환경 아래 평화롭게 진행된 것만은 아니었다. 통신사는 쓰시마 번주(藩主)의 초대 연회에 예법이 잘못되었음을 지적하며 나가길 거부한 일도 있었고, 에도 막부가 준비한 자리가 도요토미 히데요시의 원당(願堂)에서 치러진다는 이유로 수개월 전부터 결정해 놓은 중대한 약속을 일거에 거부하기도 했다. 통신사는 단순한 문화교류사가 아닌 외교 사절단이었기 때문이다. 양국의 첨예한 사안을 사이에 둘 수밖에 없기에, 양측은 사행 기간 내내 치열한 힘겨루기 속에서 긴장의 끈을 놓지 못했다.

험난한 여정이 외교적인 사안에만 기인하는 것도 아니었다. 엎친 데 덮친 격으로 화재가 발생해서 많은 사람이 죽거나 다친 적도 있다. 험난한 바닷길에 배가 부서지거나, 폭우에 건물이 무너지거나, 지진이 모두의 간담을 서늘하게 한 적도 있었다. 그야말로 사행길은 고생길이라 해도 이상하지 않을 정도였다.

재난 상황 속에서 시종일관 힘겨루기를 해야만 했던 통신사는 언뜻 코로나 정국 속 긴장된 한일 관계의 축소판으로도 보인다. 우리는 과연 역사라는 거울을 앞에 두고 무엇을 들여다봐야 할 것인가?

자연재해 : 지진과 풍우

인류를 둘러싼 재난의 종류는 그야말로 다양하다. 당장 인터넷에 들어가 재난을 검색해봐도 태풍, 홍수, 호우, 강풍, 낙뢰와 같은 자연재해부터 화재, 붕괴, 폭발, 교통사고, 환경오염에다 금융, 의료, 수도, 전염병까지 실로 다양한 결과를 찾을 수 있다. 재난의 종류는 문명이 고도화될수록 더욱 늘어나는 법이기 때문이다. 조선 시대 통신사가 파견되었을 때는 지금처럼 사회가 복잡하지 않았기에, 재난의 종류가 지금만큼 다양하지는 않았다.

일본으로 떠난 통신사가 겪었을 재난에는 어떤 것들이 있었을까? 한국인 입장에서 일본이라고 하면 어쩌면 지진을 가장 먼저 떠올릴지도 모른다. 실제로 조선 후기 열두 차례 통신사 가운데, 여덟 번의 통신사가 지진을 경험했다. 적지 않은 숫자이지만, 지진에 대한 기술이 11차 사행의 정사(正使)였던 조엄의 《해사일기(海槎日記)》 2월 21일자 내용같이 "몸이 갑자기 요동하고, 잠자리 요와 군막이 모두 일시에 흔들렸다." 정도에 그치는 것을 보면 다행히 그렇게 큰 지진은 없었던 듯하다.

통신사가 일본에 건너가서 겪는 가장 큰 재난은 의외로 풍우에 의한 것이었다. 9차 사행(1719)에서 제술관직을 맡았던 신유한의 《해유록(海游錄)》 8월 15일 기록에 "비가 시작하여 늦게는 크게 퍼부었고, 큰바람이 또한 일어나 사나운 물결이 배를 때리니, 배의 난간 판자가 모두 부서졌다. 각 배들이 황급하여 어찌할 바를 몰랐고, 군관 · 역관이 왜의 봉행 · 재판들과 더불어 밤이 되도록 분주하게 서둘면서 모두들 반드시 파선될 염려가 있다고 하였다. 나는 절에 머물러 있었는데, 지붕 머리가 또한 바람과 비에 흔들리고 기왓장이 뒤집어지며 돌이 날았다."와 같은 기록이 실려 있다. 황사는 한국이 막아주고, 태풍은 일본이 막아준다는 우스갯소리처럼 일본은 예나 지금이나 태풍이 잦은 나라이다. 때문에 태풍이 오는 시기에 사행길을 떠난 이들은 영락없이 거대한 폭풍우 앞에 가슴을 졸이기 일쑤였다. 거의 매 사행이 이런 악천후를 겪었다고 해도 과언이 아닐 정도인데, 가장 큰 피해를 입었던 8차 사행(1711)의 역관 김현문의 《동사록(東槎錄)》(백옥경 옮김, 혜안) 7월 22일자 기록에는 "파도가 40보 밖의 인가를 덮칠 정도"로 거센 파도가 밀어치는 모습이 기록되어 있다. 이 사고로 방파제와 선창이 무너지고, 통신사 측의 배 한 척, 쓰시마번 측의 배 두 척이 파손되었으며 일본인 사공 1명이 사망하였다고 나온다. 당시 통신사에 참여했던 이들의 기분은 과연 어떠했을까?

더군다나 해상에서 이런 악천후를 만난다면 도통 답이 나오지 않았을 것이다. 신유한의 "만약 배가 행진할 때 이런 것을 만났다면 해골도 찾지 못했을 것"이라는 말은 그 두려움을 잘 드러낸다. 통신사행 중에 해난 사고가 자주 발생했지만, 가장 큰 해난 사고로 8차 사행에서 일어난 사건을 꼽을 수 있다. 이 사건은 8차 통신사가 왕명을 마치고 귀국길에 들어, 부산을 목전에 두고 발생한 것인데. 그 2월 25일자 기록에 아래와 같은 내용이 있다.

> 저녁에 비가 마치 쏟아붓듯이 내리고, 구름과 안개 때문에 앞이 보이지 않았는데, 거센 바람이 크게 불며 성난 파도가 부딪쳐서 배 안의 방까지 물이 들어왔다. … 바람이 갑자기 선회하여 역풍이 불어 혹은 동쪽으로 혹은 북쪽으로 마음대로 왔다갔다 떠다니며 배가 어디로 향하는지 알지 못하였다. … 조금 있다가 판방(板房)에 물이 흘러 의복이 모두 젖었다. 피할 수 있는 방법이 없어 방구석에 쭈그리고 앉아 있었다.

통신사행이 바다를 건널 때는 지금처럼 일기예보가 정확하지 않은 데에다가, 배도 나무로 만들어져 풍랑에 취약할 수밖에 없었다. 바다는 통신사원들에게 문학적으로 좋은 영감을 제공하기도 했지만, 반면에 통신사가 바닷길에서 좋은 날씨를 기다

리느라 대기하는 시간이 해로 여정의 절반 가까이를 차지했을 정도로 위험한 대상이기도 했다. 일단 비바람이 불고 파도가 거칠어져서 주변이 어두워지면, 속수무책으로 파도가 잦아들기만을 기다릴 수밖에 없었다. 자연 재난 앞에 인간이 할 수 있는 일은 과연 무엇일까? 김현문의 "생명을 보존할 희망이 없어 몰래 푸른 하늘에 기도를 하였다."라는 문장이 절실하게 다가온다.

이 8차 사행의 해난은 단순히 자연재해라고는 보기 힘든 부분이 있었다. 외교적 마찰을 제외하면 통신사행에서 쓰시마번과의 잦은 분쟁은, 사행일정을 줄이려는 통신사 측과 정해진 루트대로 안전하게 인도하려는 쓰시마번 측의 입장 차에서 주로 발생한다. 8차 사행의 이 해난 사고도 통신사 일행이 먼 바다로 나가면 바람이 좋지 않을 것이라고 한 쓰시마번의 이야기를 온전히 받아들이지 않고, 바람이 조금 좋아졌다는 말에 즉시 배를 출발시켜 발생한 인재(人災)의 성격이 짙었다. 바다만 건너면 바로 부산이니 조금 무리해서라도 항해를 하고 싶은 마음이야 이해는 가나, 실상 이는 조금만 주의하면 사전에 충분히 막을 수 있던 셈이다.

통신사 측은 자주, 쓰시마번이 통신사를 속여 좋은 날씨인데도 배를 띄우지 않는다며 고의적으로 일정을 늦추는 것이 아닌지 의심했다. 일본의 바닷길을 모르는 통신사 입장에서는 쓰시마번의 주장이 지나치게 생각되는 것도 무리가 아니다. 그러나 이는 어디까지나 언제 닥칠지 모르는 재난에 꼼꼼히 대비해야 했던 쓰시마번과 통신사 측의 이해가 상충했던 것이다.

화재의 예방과 발생

통신사가 바다를 건너 일본에 왔을 때 통신사의 신변에 문제가 일어나면 일본의 위신이 바닥에 떨어질 것이 불 보듯 뻔했기에, 쓰시마번과 에도막부는 통신사를 안전히 인도하고자 만전을 기울였다. 앞서 이야기한 예도 그중 하나에 해당한다. 그런데 그중에서도 유독 화재에 대한 주의는 각별했다. 그도 그럴 것이 지진이나 태풍과 달리 화재는 철저한 예방으로 피해를 최소화할 수 있었기 때문이었다.

에도시대는 '에도의 꽃'이라고 부를 정도로 화재가 잦았는데, 대략 3년에 한 번꼴로 대형 화재가 발생했다고 한다. 때문에 통신사가 일본에 파견될 때는 화재 예방에 관한 각별한 지시가 내려졌다. 에도 막부가 발행한 명령 가운데 막부의 고관인 로쥬(老中)가 내리는 명령을 오후레라고 하였는데, 이 오후레를 모아서 만든 《오후레가키 집성(御触書集成)》에는, 바다를 건너온 통신사를 맞이하기 위해 막부가 내린 여러 명령을 모은 〈조선인 내빙의 부(朝鮮人来聘之部)〉라는 책이 있다. 청소를 깨끗이 해야 한다, 창에는 발을 걸어야 한다, 집의 문은 닫아두어야 한다, 실로 다양한 오후레가 담겨 있는데, 여기서 화재 예방에 대한 내용을 찾을 수 있다. 9차 통신사를 맞이하기 위해, 기해년 9월에 발행된 오후레를 하나 살펴보면 아래와 같다.

> 내일 27일, 조선인이 드디어 이곳에 도착하니, 마을의

> 모든, 집을 가진 자는 말할 것도 없이, 땅을 빌린 자, 가게를 빌린 자와 같은 이들에게도 화재 예방을 명해야 합니다. 응당 앞에서 발행한 오후레와 같이, 청소를 해야 합니다. 물론 마을의 관리자나, 해당 월에 마을의 사무를 보는 자는 상하를 입고, 앞뒤 성새 출입문에 붙어 있으면서 싸움이나 언쟁 등등 모든 소란스러운 일이 없도록 명해야만 합니다. 물론 화재 예방은 구석구석까지 강하게 명해야 합니다.

이는 통신사 행렬이 에도에 도착하기 전날 발행된 것인데, 마을 인원 누구 하나 빠짐없이 화재 예방에 주의하도록 명하고 있다. 9차 사행이 일본에 건너간 해에 발행된 오후레 18개 가운데 6개에 이 같은 화재 예방에 관한 내용이 들어있다. 세 번에 한 번꼴로 화재 예방을 강조한 셈이다. 이를 잘게 분류해보면 9차 사행 당시, 화재 예방에 관한 오후레가 발행된 것은 6월에 1회, 9월에 5회로, 통신사가 에도에 도착하는 9월에 집중적으로 발행되었음을 알 수 있다. 통신사를 맞이하여 화재 예방에 얼마만큼 신경을 썼는지 쉽게 알 수 있는 부분이다.

물론 화재 대비는 통신사가 올 때만 강조되었던 것은 아니다. 통신사와는 별도로 에도에 각종 일이 있을 때마다 화재 예방을 강조한 오후레를 모은 것이 〈화재 · 불씨 등에 관련된 부(火事火之元等之部)〉인데, 이 가운데 에도성에서 일본 전통 가무극의 공연(能) 등이 있을 때를 제외하곤 동일 사안에 대해 3회 이상 오후레가 발행된 적이 거의 없다. 에도 막부가 발행한 오후레를 통해 통신사를 맞이할 때 화제 예방이 얼마나 강조되었는지 미루어 짐작할 수 있다.

9차 사행 이전 〈조선인 내빙의 부〉에 실린 오후레는, 6차와 7차 사행에 관련해서는 분량도 적은 데다가 내용도 도로 정비나 청소 같은 미관적인 것에 집중되었다. 반면, 본격적으로 오후레를 발행하기 시작한 8차 사행부터는 화재에 대한 주의를 당부하는 오후레를 곳곳에서 찾을 수 있다. 화재 예방을 강조하는 오후레의 패턴을 몇 가지 뽑아보면 아래와 같다.

- 화재나, 지진 등 이변은 미리 그 준비를 세워두고, 때가 임박하면 번잡한 행동이 없도록 명령할 것
- 구석구석까지 돌아보고 불태우는 곳들까지 새로 보수하여 방심하지 않도록 명령할 것
- 마을 인원들은 화재가 났을 때는 빨리 모여 온 힘을 다해 불을 끄고, 화재를 키우면 반드시 조사할 것
- 2층에서 불을 피우지 말 것

- 화재 발생 시 지정된 장소로 바람 방향을 보고 대피할 것
- 화재 발생 시 지정된 장소로 재빨리 인원을 파견하고, 그곳에서 지시를 내릴 것

하단의 두 문장은 10차 사행 때 추가된 내용인데, 8차와 9차 사행에서는 막연했던 지시가, 시간이 지남에 따라 구체적으로 변해가는 것이 눈에 띈다. 가령 불을 끄는 인원을 파견하는 것에 관해서도 위에서 예를 든 세 번째, 8차 사행 때에 발행된 오후레에서는 단순히 빨리 불을 끌 것을 강조했음에 비해, 10차 사행을 대비해서 발행된 오후레(정묘년 12월)에서는 "오는 여름에 조선인들이 숙소에 머무는 중에 만약에 근처에서 화재가 일어나, 장소를 옮겨야 할 정도라면, 바람을 보고 장소를 옮길 것이니, 명심하시어 소방역을 맡는 사자에게도 미리 명령해놓으십시오."(무진년 4월) "통신사가 머무는 숙소 근처나 조금 떨어진 곳에 화재가 일어나면 지정된 장소로 빨리 사람을 보내셔야 합니다. 소방역을 맡은 사자가 그곳으로 가서 지시를 내릴 것이니, 지시대로 불을 막으셔야 합니다."와 같이, 소방 인원이 모일 '장소', 지시를 내릴 '사람', 바람의 방향을 보고 대피로를 결정한다는 '방법'까지 세세하게 지정해주고 있다. 오후레의 내용이 구체적으로 변화된 것이 일사불란하게 방재하기 위함임은 두말할 나위가 없다. 이와 같은 오후레에 따라 쓰시마번이 더 구체적으로 화재 예방, 피난, 소방 대책을 세웠음은 물론이다.

이렇게 만전을 다해도 완벽하게 화재를 예방할 수는 없었다. 9차 사행 때의 화재는 8월 12일의 풍우로 인해 지노시마에서 체류하던 중에 일어난 것으로, 교호 신사기록 99번《왕로, 신사 봉행 선중 매일기(參向信使奉行船中每日記)》를 보면, 부사가 승선하는 배에 동행한 쓰시마번의 배에서 대자리가 등불에 불탄 사건이다. 이튿날 쓰시마번의 기록에 이 일에 관하여 통신사와 쓰시마번이 서로의 안부를 묻는 장면이 등장한다. 이를 보면, 통신사 측도 화재가 일어난 사실은 분명히 인지하였던 것 같은데, 경미한 사고라 여겨서인지 9차 사행의 정사 기록에 한 줄만 짧게 등장할 뿐 자세한 기술을 남기지 않는다. 굳이 기록에 남기지 않은 것은 아마 그만큼 빨리 진화되어 물적 · 인적 손실이 발생하지 않았기 때문일 것이다.

통신사 기록에는 남아 있지만 숙소 인근에서 발생하여 직접적인 피해를 끼치지 않은 화재도 있었다. 12차 사행(1811)의 정사였던 김이교의 《동사록》 4월 5일자 기사를 참조하면, 쓰시마번주가 사신을 보내 "에도 사람이 와서 관우에 유숙하다가 피소(被燒)되었사오나 거리가 약간 멀고 또 소방군 1백 50명으로 하여금 즉시 가서 구제하도록 하였으니 걱정할 필요가 없지만, 만약 불행하게 불이 번지게 되면 이미 별도의 조치를 해서 많은 군정을 대기시켰사오니, 원컨대 놀라지 마옵소서."와 같은 말을 전한다. 12차 사행은 조일 양측의 합의 아래, 통신사가 에도까지 가지 않고 쓰시마에서 국서를 교환한 특별한 사행이었는데, 이를 위해 에도에서 온 사신이 묵는 숙소 근처에 화재가 발생하였음을 알리는 장면이다. 사신의 이야기를 종합해보면, 화재가 발생한 곳에 150명에 달하는 인원이 파견되었고, 멀긴 하지만 불이 번질 때를 대비해 이미 통신사가 대피할 곳을 마련해놓았음을 알 수 있다. 앞선 8차 사행부터 세워놓았던 수많은 대책이 제대로 작동되고 있음을 알 수 있다.

그러나 두 화재는 모두 통신사에게 직접 피해를 준 사건은 아니었다. 통신사 측에 직접적으로 피해를 준 화재 중 규모가 가장 컸던 것으로 단연 10차 사행(1748) 때 발생한 화재를 꼽을 수 있다. 종사관 조명채가 쓴 《봉사일본시견문록(奉使日本時見聞錄)》 2월 21일자 기사에 이와 관련된 기사가 실려 있다.

> 배에 있던 사람들 중에서 살아서 언덕 끝에 나온 자는 다 벌거숭이인데, 몹시 데어서 죽어가는 자도 있고, 고통에 신음하는 자도 있고, 가슴을 치며 통곡하는 자도 있으니, 광경이 아주 슬퍼서 차마 볼 수가 없이 참혹하였다. 배에 들어가 잠을 자던 비장, 원역들이 물에 몸을 던지기도 하고, 곁의 배에 뛰어내리기도 하고, 뱃줄을 따라 내려와서, 죽을 지경에서 살아나느라고 뼈가 부러지고 살갗을 다 쳤는데 배 안에 있던 모든 사람을 점검하여 차례로 호명하니, 좌수영의 사령 1인과 창원의 악공 1인이 그 안에서 타 죽었다.

화재는 2월 20일에서 2월 21일로 넘어가는 새벽에 부사의 짐을 신는 배에서 발생하였다. 자다 깨서 엉겁결에 불을 피해 아직 추위가 채 가시지도 않은 밤바다에 뛰어드는 급박한 모습,

옷이 불타 옷을 벗어던지고 높은 곳으로 뛰어올라간 모습, 당황하여 소리치는 모습, 뼈가 부러지고 피부가 긁히고 까져서 상처를 입은 모습이 눈앞에서 선명히 그려진다.

이 화재로 인해 화재 당일에만 조선의 인부 다섯이 다치고 둘이 죽었으며, 배는 전소하였다. 이날의 일을 기록한 쓰시마번의 엔쿄 신사기록 114번 2월 22일자 기사에, "사령과 악공 각 1명이 죽음에 이르렀고, 불타고 데어서 죽기를 원하는 자가 거의 십여 명에 이른다."와 같이 되어 있는 것을 보면 기록보다 훨씬 더 많은 인원이 부상당했던 모양이다. 뿐만 아니라 조선 조정에서 에도 막부에 보낼 각종 선물까지 전부 불타버렸으니, 그야말로 통신사행 사상 최악의 화재라 할 수 있었다. 이튿날 정사는 의원을 시켜 환자를 치료하게 하고, 죽은 사람들의 장사를 치른 후 책임자를 문책한다. 이 화재는 공교롭게도 부산을 떠나 첫 기착지인 와니우라에서 발생하였는데, 날씨 때문에 어쩔 수 없이 정박하게 된 곳으로 본래 접대처로 정해진 곳이 아니었다. 때문에 쓰시마번의 화재 진압 시스템이 본격적으로 작동하지 않아, 일이 더 커지고 말았던 것이다.

불우하게도 10차 사행의 화재는 여기에 그치지 않는다. 같은 해 4월 27일 오사카 체류 시에 다시 한번 화재가 발생하는데, 조명채의 기록에 "상방의 화포수가 화약을 찧어 말릴 적에, 잘못하여 화기에 닿아서 그가 묵는 방에 불이 붙어가니, 온 관소 안이 놀라서 움직이고, 왜인의 소리가 들끓었다."와 같은 문장이 남아 있다. 쓰시마번의 기록인 엔쿄 신사기록 90번《신사 봉행왕로 중 오사카, 교토 체류중 매일기(信使奉行方参向大坂京都在留中毎日記)》4월 26일자 기술을 통해 내용을 좀 더 보충해보면 아래와 같다.

> 오늘 사(巳)시 하각, 당 경내에 중관이 머무는 곳에 불이 났다고 소리치며 소동이 일어나, 접대역의 대관들 중 대기하고 있던 자와, 저희 쪽 인원들이 재빨리 뛰어갔는데, 북측 중관이 머무는 곳에 나가야(長屋) 2층에서 연기가 올라 접근했더니 금세 꺼져 불이 진압되었기에, … 화재의 정황을 조사했더니, "정사가 대동하는 중관 김복재라고 하는 자가 화약을 다루고 있었는데, 예기치 않게 담뱃불이 옮겨붙어, 김복재는 배부터 머리끝까지 화상을 입었으나 그 밖에 부상당한 사람은 없는 것은 물론 소실된 물건도 없다."고…

중관 김복재가 화약을 다룰 때 옆에서 담배를 태우던 자가 있었는데, 이 때문에 불이 옮겨붙어 당사자인 중관은 배부터 머리까지 화상을 입었다. 자칫하면 큰 인명 피해가 발생할 수도 있는 상황이었는데, 빠른 진화가 이루어져 다행히 더 크게 번지지 않았던 것 같다. 그러나 화재의 뒤처리는 그렇게 간단하지 않았다.

조명채의 이튿날 기록을 보면 "이곳 사람은 공로에 대한 상을 바라고 조그만 불을 반드시 크게 불려서 말하려 하나 '불에 데었다.'란 말이 에도에 흘러 들어가면, 호행하는 쓰시마 번주에게 장차 책벌이 있을 것이니, '불에 데었다.'는 말을 퍼뜨리지 마시기 바랍니다."와 같이 쓰시마번 측에서 '화상을 입었다.'는 것을 밝히지 말아달라는 식으로 이야기했다고 한다. 앞서 언급한 쓰시마번 측의 4월 26일자 기록을 보면, 통신사 측의 요청에 따라 외과치료의를 보내줄 정도로 김복재의 화상은 가볍지 않았던 것 같은데, '화상을 입었다는 사실을 밝히지 말아달라는 요청'은 기록을 남기는 과정에서 자체적으로 삭제한 것인지, 쓰시마번의 기록에는 따로 남아 있지 않다.

이후 쓰시마번은 통신사 측에 경위서를 제출하게 하고, 불을 소홀히 여긴 자를 처벌해줄 것을 요구한다. 쓰시마번의 이러한 요구에, 통신사 측은 "환자가 사경을 해매고 있다."라며 거절했다. 정작 그 이후 어떤 기록에도 쓰시마번이 동일한 요구를 반복했거나, 제출했다는 기록은 보이질 않는다. 이 같은 요구에는 남은 사행 기간 동안 우월한 고지를 점하려는 쓰시마번의 의도가 숨어 있음을 미루어 짐작할 수 있다.

서두에 언급한 것처럼 통신사행은 외교적인 현안의 처리도 행하고 있었기에, 쓰시마번과 통신사 사이에는 늘 힘겨루기가 있었고, 이에 긴장이 끊이질 않았다. 화재 예방이 강조되기 시작한 8차 사행부터 통신사행에서 발생한 주요 쟁점 사안만을 정리해보면, 8차 사행은 '아라이 하쿠세키의 빙례(聘禮) 개혁', 9차 사행은 '쓰시마 번주와의 예법문제, 교토 대불사 방문 문제', 10차 사행은 '구관백(旧関白)에 대한 예단 문제', 11차 사행은 '최천종 살해 사건'과 같은 것들을 꼽을 수 있다. 어느 하나 평이한 사행은 없었다고 말해도 과언이 아닐 것이다. 어디까지나 통신사원들의 입장에서 쓰긴 했지만, 사행록 가운데 일본인들에 대해 '화를 내며' '얼굴이 벌게져서' '자기 화를 참지 못하고'와 같은 표현이 나오는 부분은 굳이 위에서 언급한 쟁점까지 가지 않더라도 쉽게 찾을 수 있다.

재난을 극복하는 자세

힘겨루기나 정치적 문제도 재난 앞에 섰을 때는 아무런 의미가 없어진다. 모든 것은 당장 붙은 불을 끄고 난 후에 생각할 일임은 두말할 나위가 없다.

선창이 부서지고, 방파제가 무너진 폭풍우가 불던 8차 사행의 《동사록》 7월 22일자 기록에 "봉행 히라타 하야토, 오우라 추자에몽, 히구치 사쿠자에몽, 재판 데라다 이치로베이 등 네 명이 많은 장정을 이끌고 직접 선창에 가서 힘을 다하여 조선의 배를 보호하려 하였다."와 같이 그날의 구난 작업이 기록되어 있다. 덧붙여 "왜선 두 척도 기어이 부서졌으며, 왜인 사공 두 명이 닻줄을 이끌고 파도 속으로 들어갔는데, 끝내 나오지 못했다."고 되어 있다. 바다에서 멀리 떨어진 인가에까지 거센 파도가 밀어닥치던 바다 위를, 쓰시마번의 인원이 오가며 통신사 배를 구하고자 사력을 다하는 모습이 선명하다. 이날의 폭풍우는 새벽 1시가 되어서야 잦아들었다. 쓰시마번은 점심도 먹지 못한 채 배를 돌보느라 고생한 통신사원과 쓰시마번의 인원들에게 특별히 주먹밥을 제공하고, 통신사원들이 다니는 길이 어둡지 않도록 불을 밝히도록 명령을 내린다. 먼 이국땅에까지 와서, 재난을 당해 황망하기 그지없는 통신사 입장에서 이처럼 고마운 일이 또 있을까?

쓰시마번의 기록 교호 신사기록 98-2번《왕로, 선중 매일기(御参向御船中毎日記)》에 경미해 크게 기록되지 않았던 9차 사행의 8월 13일자 화재에 대한 내용이 있다. 뱃머리 쪽에 자고 있던 조선인 한 통사가 불이 났다는 소리를 듣고, 고함을 지른 후, 통에 물을 담아 배 너머로 불을 껐기에 불이 빨리 진화되었다고 기록되어 있다. 이 사고는 통신사가 일본의 배를 살린 셈이 된다. 소리를 지르며, 배에 타고 있던 일본인을 대비시키며 통에 물을 담아 배 너머로 물을 끼얹는 모습에 편 가르기는 이미 무색하다.

10차 사행의 4월 27일 화재는 소방 시스템이 갖춰진 곳에서 일어났으니 차치하더라도, 10차 사행의 2월 21일 통신사 사상 최악의 화재가 일어난 그날의 기록을《봉사일본시견문록》속에서 다시 한번 찾아보면, "우리나라 사람들은 허둥지둥 분주하되 감히 한 힘도 다하지 못하고서 왔다갔다 하는데, 한 줌의 물로 수레에 가득한 땔나무에 붙은 불을 끄려는 자는 그래도 오직 호행하는 왜인들이었다."와 같은 기술이 있다.

불타버린 부사의 기선에는 에도 막부에 보낼 선물도 가득 실려 있었기에, 이를 바라보는 종사관 조명채는 비통하기 그지없었을 것이다. 배에 탄 조선인들은 불에 옷이 타고 화상을 입어 탈출하기에도 빠듯해 정신이 없었을 텐데, 그 와중에 뛰어다니며 적은 물이라도 들고 날라 불을 끄려는 쓰시마번의 인원들이 과연 얼마나 고마웠을까?

조명채의 3월 12일자 기록에 "왜인 전어관(伝語官) 준사부로라는 자가 배에 불이 났을 때에 수고하였으므로, 어제 쓰시마 번주를 만났을 때에 수역(首譯)을 시켜서 칭찬하였는데, 이제 들으니 쓰시마 번주가 열 닢의 은자를 상 주었으므로 사부로가 잘 차려입고 밖에 와서 사례하더라 한다."와 같은 장면이 등장한다. 단순히 며칠이 지나서도 고마움을 잊지 않고 있다가 포상해 주길 요청한 것처럼 보이지만, 배경을 알고 보면 이 문장은 흥미롭기 그지없다.

조명채가 준사부로라는 이름을 말한 3월 11일은, 통신사가 바다를 건너온 것을 축하하기 위해, 에도 막부의 명을 받아 쓰시마의 번주가 연향을 주최하는 날이었다. 그런데 전날인 3월 10일에 연향에 참가할 인원수를 적어 쓰시마의 인원들에게 보냈더니, 쓰시마 측에서 인원이 너무 많다며 줄여줄 것을 요구한다. 이에 정사가 "주인이 이렇게 손을 싫어한다면 어찌 굳이 누르랴."라며 화를 내곤, 본래 삼백여 명이 참석하기로 예정된 것을, 인원을 대폭 줄여 적어 보낸다. 쓰시마번은 사태가 심각하다고 생각했는지 "잔치에 나아가는 인원수를 그에 그치시면, 막부를 욕보이는 것이고, 쓰시마 번주를 욕보이는 것입니다."라고 말하며 사태를 수습하려 한다. 막부가 제공하는 연향을 그르치게 되면, 쓰시마번이 에도 막부의 명을 성실히 수행하지 못한 것이 되므로 쓰시마번으로서는 입장이 상당히 난처했을 것이다. 통신사의 인원들까지 정사를 설득했던 것을 보면 당시 분위기가 얼마나 좋지 않았는지 알 수 있다.

연향에 참가하는 인원수를 둘러싸고 벌어진 이 논쟁은, 연향에 참가하기 직전 극적으로 삼사가 쓰시마번의 요구에 맞춰 숫자를 조금 줄이는 것으로 합의를 보고 마무리를 짓게 된다. 바로 이런 분위기 속에서도 조명채는 준사부로의 이름을 거론하며 포상해주길 요청한 것이다. 배가 불타던 날, 조명채가 느꼈던 고마움이 얼마나 인간적이고 순수한 감동인지 엿볼 수 있다.

위기 극복과 새로운 미래

몇 년 전 이맘때라면 단 한 통이 오더라도 분명 호들갑을 떨며 확인했을 중대본(중앙재난안전대책본부)의 메시지가, 하루를 열어 주는 친근한 알람이 되어버렸다. 매일같이 잊지 않고 개인위생을 당부하는 메시지를 보내는 중대본의 노력에 절로 고개가 숙어진다.

재난은 발생 전 최대한 방비를 세웠다가, 혹여 터지면 재빠르게 수습하는 것 외에 뾰족한 방도가 없다. 물 샐 틈 없이 세워 놓은 탄탄한 방비하에 순식간에 종식되어 기억에조차 남지 않을 경우도 있겠지만, 때로는 방파제를 부수며 선창을 무너뜨리는 파도처럼 재난은 황망히 모든 것을 소실시켜버리며 거침없이 다가온다. 넘실거리는 파도와 화염 앞에서 국경, 인종과 같은 보이지도 않는 장벽이 과연 무슨 의미가 있을까? 거세게 일렁이는 파도 위에서 작은 배에 올라 사력을 다해 가라앉는 배를 구하고자 했던 것처럼 작은 물통이나마 들고 뛰어다니며 불을 끄고자 했던 것처럼, 재난 아래 서로를 돕고 구하려는 몸짓은 팽팽한 긴장감 속에서도 서로에게 위안이 되어 순수하고 인간적인 감동을 머릿속에 새긴다. 단단한 시스템 속 안전을 갈망하더라도, 결국 재난에서 손길을 내미는 것은 하얀 방호복 안에서 땀을 비 오듯 흘리는 인간이 아니면 불가능하기 때문이다.

인접한 국가가 친교로 이어진 경우는 자고로 그 예를 찾아보기 힘들다. 그러나 현재 인류에게는 코로나라는 인류 공동의 적이 생겨버렸다. 지금 서로를 도우며 힘을 합해 위기를 극복하는 모습을 보인다면, 포스트코로나 시대에는 꼬인 타래가 풀리고, 앙금이 녹아 새로운 한일 관계가 형성되지 않을까. 힘을 합쳐 재난을 타개하던 쓰시마번과 통신사. 역사의 거울을 바라보며 재난 속에서 희망을 찾을 수 있기를 간절하게 기원한다.

한국고전DB(http://db.itkc.or.kr/) 공개 자료

김이교, 《東槎錄》

신유한, 《海游錄》

조명채, 《奉使日本時聞見錄》

조엄, 《海槎日記》

일본 국립국회도서관 디지털 콜렉션(https://dl.ndl.go.jp/) 공개 자료

〈朝鮮人来聘之部〉, 《御触書集成》

〈火事火之元等之部〉, 《御触書集成》

일본 게이오기주쿠대학교 도서관 소장 사료

享保信使記録九十八之二(共二冊), 《御参向御船中毎日記》

享保信使記録九十九, 《参向信使奉行船中毎日記》

대한민국 국사편찬위원회 소장 사료

延享信使記録九拾, 《信使奉行方参向大坂京都在留中毎日記》

延享信使記録百拾四, 《信使参向鰐浦ニ而副使駕船焼失之一件、右ニ付公儀ゟ副使江被成下物并官服荷物差登候覚書附右駕船之駕船焼死之者并御国芸州蒲苅ニ而病死之者送返候覚書》

단행본

김현문, 백옥경 옮김, 《동사록(東槎錄)》, 혜안, 2007.

* 이 글은 한국일본학회 《일본학보》124집(2020.8)에 게재된 〈통신사와 화재-화재의 양상과 일본 측의 대비〉를 수정 · 가필한 것이다.

코로나 시대의 신조어와 일본 사회

이해미

'3밀(3密)' '아베노마스크(アベノマスク)' 일본의 코로나 관련 뉴스를 들을 때 누구나 한 번쯤은 들어보았을 말이다. 이것은 2020년 1월 중순에 코로나바이러스가 인류를 엄습한 이후 새롭게 만들어진 일본어이다. 언어학에서는 이를 신조어라 부른다. 신조어는 시대의 변화에 따라 발생하는 새로운 것을 표현하기 위해 만들어진 말로, 단어가 완전히 새롭게 만들어지거나 기존에 있던 요소를 조합해서 새로운 의미가 부여된 것을 말한다. 신조어는 시대와 사회를 반영하여 무한하게 생성된다는 점에서 언어의 특성 중 사회성, 창조성과 밀접하게 관련이 있다.

사회를 비추는 거울, 신조어

코로나 사태 속에서 우리는 '마네킹 응원단'이 응원하는 '무관중 경기'를 TV 중계로 보고 '돌밥돌밥'[01]만 하고 운동을 못해 '확찐자' 또는 '살천지'가 된 것에 한탄한다. 본의 아니게 '집콕족'이 되어 '코로나블루'를 느끼는 사람들도 늘고 있다. 'Global village(지구촌)' 답게 사정은 전 세계가 다르지 않다. 캐나다의 커뮤니케이션 학자인 마셜 매클루언이 1962년에 처음 만든 '글로벌 빌리지'라는 당시 신조어의 의미가 2020년이 되어 비로소 피부로 와닿는다. 전 세계 사람들은 'Quarantini'[02] 레시피를 인터넷상에서 공유하며 작은 행복을 느낀다. '자가격리'와 같은 권고 사항을 준수하지 않고 제멋대로 행동해서 타인에게 피해를 주는 사람들을 'Covidiot(Coronavirus〔코로나바이러스〕+Idiot〔바보〕)'나 'Moronavirus(Moron〔멍청이〕+Coronavirus〔코로나바이러스〕)'라 부르며 비난하기도 한다.

이처럼 신조어는 '마네킹 응원단, 무관중 경기, Quarantini'와 같이 위기 상황 속에서도 재치를 발휘하는 인간의 모습을 담고 있으며 '돌밥돌밥, 확찐자, 코로나블루'처럼 코로나 사태로 겪는 인간의 고충을 잘 드러내고 있다. '집콕족, Covidiot,

01 '돌아서면 밥, 돌아서면 밥'의 준말로, 외식이 급격히 줄어들면서 집에서 밥 먹고 돌아서면 바로 다음 식사를 준비해야 하는 상황을 뜻하는 말이다.

02 격리를 의미하는 'quarantine'과 칵테일의 일종인 'matini'를 합성한 말, 자가격리 시 혼자 칵테일 한잔 즐기자는 뜻이다.

Moronavirus'와 같이 특정 부류의 존재를 나타내거나 '살천지'와 같이 어느 한 국가의 특수한 상황을 대변하기도 한다. 이처럼 사람들은 전례 없는 코로나 상황에서 끊임없이 새로운 말을 만들어내고 소비하고 있다. 그리고 그 말들은 현재 사회의 모습을 적나라하게 나타낸다.

신조어의 창작과 소비는 새롭게 생겨난 사물과 현상을 지칭할 만한 적합한 용어를 만드는 언어의 가장 기본적인 커뮤니케이션 기능에 기인한다. 여기에는 아이러니의 한 변형으로서 어떤 상황을 해학적으로 나타낼 수 있는 언어의 유희적 기능도 공존한다. 언어는 흔히 인간의 의사소통 도구라 한다. 그러나 언어는 이러한 1차원적인 개념에 머물지 않는다. 이 도구를 사용해서 정보를 전달하고 생각을 표현하는 인간의 사상과 인간이 속해 있는 사회를 나타내기도 한다. 그렇기에 '언어는 그 사회를 들여다보는 거울'이라고 말한다.

코로나 사태를 겪고 있는 사회를 분석하고 문제점을 찾을 때 언어는 가장 좋은 분석 도구이다. 따라서 사회를 비추는 거울인 언어, 그중에서도 어떤 사건이 발생했을 때 즉각적으로 만들어지고 그 사건이 끝나면 소멸하는, 그렇기에 일정 시기 사회 모습을 가장 잘 나타내는 신조어를 통해 사회상을 파악하고 이해하려는 노력은 유의미할 것이다.

코로나 사태 속 일본의 신조어

'가깝고도 먼 나라'라는 꼬리표가 따라다니는 일본의 최인접국인 한국에서 바라볼 때 가장 눈에 띄는 점 중의 하나는 '질서의 나라' '매뉴얼의 나라' '의료 선진국' '세계 제2의 경제대국' '아시아의 유일한 G7 회원국'이라 불리는 일본이 코로나바이러스 앞에서 힘없이 무너지는 모습이다. 코로나 대응의 최전선에 있던 아베 정부는 코로나 사태에 어떻게 대처하였나? 이 글에서는 일본 사회를 비추는 거울인 일본어 신조어로 이 물음의 답을 찾아보고자 한다.

코로나바이러스가 확산하고 뒤늦게 일본 내에서도 심각한 분위기가 조성되면서 코로나 관련 신조어가 끊임없이 만들어졌다. 6월경부터 일본에서 사전 출판사로 유명한 삼성당(三省堂)의 웹사이트에 실린 〈제18회 언어 시사문제(5): 코로나 관련 신조어와 유행어〉, Voista Media의 〈신형 코로나바이러스 용어집〉, 일본의 뉴스 사이트인 주간여성 프라임의 〈[신형 코로나 유행어 대상] 1000명이 선택한 1위는 아베노마스크인가 유리코 어록인가!?〉 등 코로나 관련 신조어를 소개하는 글이 다수 게재되기 시작했다. 코로나바이러스가 창궐한지 약 6개월이 지난 시점에서 각종 기사와 SNS 등에서는 오른쪽의 표처럼 107개의 신조어가 동시에 관찰되었다. 여기에는 코로나 이전부터 존재하여 특정 전문집단에서 위상어로 사용되던 것이 대중에게 널리 알려지면서 대중들 사이에서 일상용어처럼 사용되어 언어의 지위가 새롭게 설정된 경우도 포함하였다. 그런데 한 번에 107개의 신조어가 동시에 사용되고 있다는 것은 그야말로 '신조어 범람'이라고 할 수 있을 것이다.

코로나 관련 일본어 신조어

<table>
<tr><th colspan="2"></th><th colspan="2">한자어</th><th colspan="2">가타카나어</th></tr>
<tr><th colspan="2">분야</th><th>개수</th><th>신조어 예</th><th>개수</th><th>신조어 예</th></tr>
<tr><td rowspan="3">정부와 전문가발 신조어</td><td>감염 및 의료</td><td>23</td><td>농후접촉(濃厚接触), 무증상감염(無症状感染), 감염경로(感染経路), 항체검사(抗体検査)</td><td>26</td><td>코로나바이러스(コロナウイルス), 우한바이러스(武漢ウイルス), 신코로(新コロ), 클러스터(クラスター)</td></tr>
<tr><td>사회 및 경제</td><td>0</td><td></td><td>9</td><td>애프터 코로나(アフターコロナ), 인포데믹(インフォデミック), 뉴노멀(ニューノーマル), 코로나 불경기(コロナ不況)</td></tr>
<tr><td>정책</td><td>15</td><td>새로운 생활양식(新しい生活様式), 영업자숙(営業自粛), 3밀(3密), 불요불급한 외출(不要不急の外出)</td><td>3</td><td>도쿄얼러트(東京アラート), Go To 트래블(トラベル), Go To Eat 캠페인(キャンペーン)</td></tr>
<tr><td colspan="2">국민발 신조어</td><td>1</td><td>슈킨페이(集近閉)</td><td>30</td><td>아베노마스크(アベノマスク), 코로나카(コロナ禍), Go To 트러블(トラブル)</td></tr>
<tr><td colspan="2">총</td><td colspan="2">39</td><td colspan="2">68</td></tr>
</table>

일본은 한자, 히라가나, 가타카나 3종류의 문자를 기본으로 사용한다. 이 문자는 각자 쓰임새가 다르다. 한자는 실질적인 개념을 나타내는 부분을 표기하는 데 사용하고 히라가나는 한자의 개념 부분을 보조하는 데 사용한다. 한자와 히라가나는 일본어를 표기하는 주류의 문자이다. 또 하나의 문자인 가타카나는 외래어, 의성어와 의태어, 동식물명, 방언 등 특수한 어휘군을 표기하는 데 주로 사용하여 말하자면 비주류에 해당한다.

코로나 관련 신조어를 모아 분류하면 한자와 히라가나로 표기하는 신조어(이하, 한자어 신조어)와 가타카나로 표기하는 신조어로 나눌 수 있다.

한자어 신조어

본격적으로 코로나 관련 신조어를 자세히 살펴보면, 한자어는 총 39개가 확인된다. 그중 23개는 '농후접촉(濃厚接触)' '무증상감염(無症状感染)' '감염경로(感染経路)' '항체검사(抗体検査)'와 같은 감염 및 의료 관련 전문용어이고, 15개는 후생노동성이 지정해서 발표한 '새로운 생활양식(新しい生活様式)'이나 '영업자숙(営業自粛)' '3밀(3密)' '불요불급한 외출(不要不急の外出)'과 같은 정책 관련 용어이다. '감염 및 의료'와 '정책' 용어는 모두 정부와 전문가 집단에서 만든 신조어이다. 국민이 만든 한자어 신조어도 있다. 이 글에서는 각각 '정부발 신조어' '국민발 신조어'라 부르겠다.

한자어 신조어의 경우에는 '3밀' '슈킨페이' '불요불급한 외출'에 주목할 필요가 있다. '3밀'은 코로나바이러스 감염 확대를 막기 위해 아베 정부가 내건 표어이다. 밀폐(密閉) · 밀집(密集) · 밀접(密接)의 3가지 밀(密)을 피하자는 의미이다. '불요불급한 외출(不要不急の外出)'은 중요하지 않고 급하지 않은 외출을 뜻하며 정부와 자치단체에서 국민에게 외출 자제를 요청할 때 그 기준으로 사용하는 용어이다. 이는 모두 아베 정부가 국민에게 협조를 요청하기 위해 만든 캐치프레이즈 형태의 신조어이다. 이러한 정부발 신조어 외에 SNS상에서 일반 국민이 만든 신조어도 있다. '3밀'에 빗대어 개인이 피해야 할 집합(集合), 근접(近接), 폐쇄(閉鎖)의 앞자를 따서 만든 '슈킨페이(集近閉)'가 그것이다. 그런데 여기에는 정부발 신조어와 달리 언어의 유희적 기능이 함께 작동한다. '集近閉'의 발음인 '슈킨페이'는 중국의 국가주석인 시진핑(習近平)을 일본어 발음으로 읽은 것과 같다. 이 신조어 안에는 코로나바이러스 발생국으로 여겨지는 중국을 시진핑으로 대표해서 '시진핑을 피하자'라는 풍자의 의미가 내포되어 있다. 이러한 신조어는 한자의 표어성과 조어력이라는 특성에 기초한다. 일본어에는 동음이의어가 많아서 한자로 표기하면 의미 구분을 확실하게 할 수 있어 새로운 단어를 만들 때 한자가 매우 유용하다. 그런데도 주류인 한자나 히라가나보다 비주류에 속하는 가타카나로 구성된 신조어가 60퍼센트나 더 많이 관찰된다는 점은 주목할 만하다.

가타카나어 신조어

가타카나는 외부에서 유입된 언어를 일본어의 음운 체계에 맞춰 표기하는 역할을 담당한다. 그리고 가타카나로 표기하는 단어는 영어처럼 보이지만 영어권 원어민은 쓰지 않는, 일본인이 임의적으로 만든 '일제영어(和製英語)'와 외국에서 사용하는 단어를 그대로 차용한 '외래어'로 나뉜다. 그리고 이 외래어는

'담배(タバコ)' '빵(パン)'과 같이 대체할 수 있는 단어가 없고 일본인의 언어생활에 깊숙이 침투해서 고유어와 함께 있어도 위화감이 없을 정도로 정착한 경우(정착 외래어)가 있다. 이와는 반대로 정착하지 못하고 눈에 띄는 경우(미정착 외래어)도 있다.

가타카나로 구성된 코로나 관련 신조어는 2020년 1월 말부터 시작된 코로나 시대에 새로 유입되거나 만들어진 만큼 정착되지 않았다. 모두 일본의 고유어와 함께 쓰일 때 문장 안에서 두드러지는 미정착 외래어이다. 이 또한 한자어 신조어와 마찬가지로 새로운 개념을 지칭하는 기능과 유희적 기능을 갖는다.

가타카나로 된 감염 및 의료 관련 신조어 중 코로나바이러스(コロナウイルス), 우한바이러스(武漢ウイルス), 신코로(新コロ) 등은 새로운 사물이나 현상 등이 발생해서 이를 지칭하기 위해 용어가 새롭게 창작되고 변형된 경우(10개의 예)이다. 그 밖의 예는 일본어에 해당 개념을 지칭할 만한 적합한 단어가 없어서 이미 해외에서 사용하던 전문용어를 그대로 차용하거나 일본 내 의료 집단에서 사용하던 직업어가 일반인에게로 사용 영역이 확장된 경우(16개의 예)이다. 대부분 실질적 필요성에 의해 만들어진 용어이지만 '소셜 게더링(ソーシャル・ギャザリング)' '컨테이젼(コンテイジョン)'과 같이 직업어에서 확장된 일부 예는 해당하는 일본어 단어가 이미 있는데도 구태여 가타카나어를 사용했다. 화자가 자신의 지식을 뽐내기 위한 기능으로 사용하는 예이다. 생경한 외래어를 사용하면, 일본인이 생각하는 서양어의 냉철하고

지적인 이미지가 화자에게 투영되어 외래어를 사용하는 화자도 냉철하고 풍부한 지식을 갖고 있다는 인상을 나타낼 수 있기 때문이다.

다음으로 사회 및 경제 관련 신조어는 모두 코로나 시대를 맞아 새로운 개념이 발생해서 이를 지칭하기 위해 만들어진 용어이다. 9개 단어 중 6개 단어에 '애프터 코로나(アフターコロナ)' '코로나 불경기(コロナ不況)' '코로나 하이리스크(コロナハイリスク)'와 같이 '코로나(コロナ)'가 접사처럼 붙어 해당 단어의 의미가 코로나 시대의 사회상임을 잘 드러내고 있다.

이처럼 코로나 관련 신조어는 미정착 외래어를 가타카나로 표기하는 예가 다수 나타난다. 미정착 외래어에 관해서 일본의 커뮤니케이션 학자인 다니카와 미키(谷川幹, 2009)는 그 사용 의도와 효과를 7가지로 정리했다. ① 어투 완화 효과 ② 의미 애매화 및 책임회피 효과 ③ 일본어에 없는 어감 및 개념을 나타내는 효과 ④ 용어의 반복 회피 ⑤ 이미지 환기와 의미 확장 목적 ⑥ 화자가 지적으로 뽐낼 수 있는 효과 ⑦ 해외에서 만들어진 개념 및 금융, 컴퓨터, 의료 등의 전문용어이다.

여기에서는 정책과 관련해서 정부가 만든 가타카나 용어와 국민이 만든 가타카나 신조어에 집중할 필요가 있다. 아베 정부가 만들어 발신한 정책 관련 용어는 '도쿄얼러트(東京アラート)' 'Go To 트래블(トラベル)' 'Go To Eat 캠페인(キャンペーン)'이 확인된다. 아베 정부가 만든 가타카나 정책 신조어는 다니카와 미키가 말한 미정착된 가타카나어의 사용 의도와 효과 중 '⑤이미지 환기와 의미 확장 목적'에 해당한다. 이는 정부 정책으로 새로운 개념을 도입하고 소개할 때 국민의 적극적인 참여를 유도하기 위해 의도적으로 가타카나어를 사용해서 이미지를 부각하려는 목적이 있다. 배리어프리(バリアフリー), 홈헬퍼(ホームヘルパー, 일제영어)와 같은 관청 가타카나어(役所カタカナ語)가 이러한 역할을 수행하는 한 예이다. 아베 정부는 이번에도 그 효과가 증명된 가타카나의 기능을 활용하여 언어를 이미지화했다. 그것으로 국민의 여론을 불러일으켜 정책을 이끌어가려는 의도와 기대 효과를 가지고 있었던 것으로 보인다.

한편 가타카나로 된 국민발 신조어는 30개가 확인됐다. 이것은 모두 전문가나 정책가에 의해 만들어진 용어가 아니라 온라인상에서 일반인들이 만들어낸 신조어이다. 이것은 '코로나에 지지 않으로나(コロナに、負コロナ)'라는 익살스러운 말장난을 제외하면 모든 신조어가 코로나 사태로 인한 패닉 현상을 대변하거나 아베 정부의 정책을 비판하는 부정적인 의미를 나타낸다. 여기에는 특히 '아베노마스크'나 'Go To 트러블'과 같이 정부의 정책 용어에 대항하는 국민발 대정부 메시지가 많이 포함되어 있다.

지금까지 언급한 가타카나어 신조어를 보면 한 가지 특징이 부각된다. 정부가 새로운 정책에 대한 이미지를 환기시키기 위해 애써 사용한 정부발 신조어와 정부 정책을 비웃기라도 하듯 생산되고 있는 국민발 신조어다. 마치 아베 정부 대 일본 국민으로 나뉘어서 신조어 각축전을 벌이고 있는 모습을 보이고 있다.

아베 정부는 코로나에 어떻게 대처했는가?

아베 정부의 대표 코로나 대책 키워드인 '3밀'을 비롯해 '불요불급한 외출' 'Go To 트래블'은 일본의 코로나 위기를 가장 잘 드러내는 말이 되었다. 그리고 '아베노마스크' 등의 국민발 신조어는 아베 정부의 대처에 대한 일본 국민의 평가를 여실히 보여준다.

3밀

먼저 '3밀(三密)'은 일본 정부 차원에서 "Avoid the 'Three Cs(Closed spaces with poor ventilation, Crowded places with many people nearby, Close-contact settings such as close-range conversations)'."로 번역해서 전 세계로 발신하는 등 얼핏 보면 캐치프레이즈로 그럴듯해 보인다. 하지만 사실 메시지를 받는 청자의 시점에서 보면 그 의미가 상당히 모호하다. 왜냐하면 '밀(密)'이 의미하는 것이 무엇인지 명확하게 표기하지 않았기 때문에 일본 국민은 그 뜻을 찾아보고 인지해야 한다. 아이러니하게도 한자 '密'은 '빽빽하다, 촘촘하다, 빈틈없다'라는 뜻과 더불어 '비밀로 하다, 숨기다'라는 뜻을 가지고 있다. 아베 정부의 의도적인 검사 축소와 확진자 수 은폐 논란이 여전히 끊이지 않는데 우연이라기에는 절묘하다고 생각한다.

일본 국민은 정부를 비웃기라도 하듯이 '3밀'에 대항하는 '슈킨페이(集近閉)'를 연이어 만들었다. 3밀에 대항하여 일본 국민이 스스로 만든 이 신조어는 모임(集), 가까움(近), 닫힘(閉)을 명시적으로 나타내기 때문에 그 의미를 파악하기가 오히려 더 쉽다. 이는 정부발 신조어에는 결여되었던 구체성과 명확성을 부여하고 나아가 코로나 사태 발생에 대한 원망을 함축했다. 그리고 그들은 스스로 만든 신조어를 사용하면서 다음과 같이 온라인상에서 함께 주의를 환기하며 코로나 사태를 견뎌내고 있다.

예시 1 마스크 착용도 잊지 말고 '슈킨페이'를 피할 것.
マスク着用も忘れずに、そして〈集・近・閉〉を避けること。

예시 2 슈킨페이를 지키는 것과 적어도 마스크는 했으면 합니다. 자신이 옮는 것은 물론 타인에게 옮기는 것은 피해야.
集近閉を守るのと、せめてマスクはして欲しいですね。自分に移るだけでなく、人に移すのは避けてくれと。

예시 3 정치는 선거로만 크게 바뀌기 때문에 코로나바이러스는 위정자에 대한 비판보다 개인이 스스로를 지키는 것이 더 합리적입니다. 고령자, 유질환자는 최대한 스테이홈하고 친척도 같이 살지 않으면 방문은 피하고 화상통화를 활용. 슈킨페이 회피, 손 씻기, 가글은 어느 세대나 공통.

政治は選挙でしか大きく変われないので、新型コロナについては為政者への批判よりも各個人が自分を守る方が合理的ですね。高齢者・有疾患者は出来るだけステイホームして、親族なども同居でなければ訪問は控えてビデオコールを活用。集近閉回避、手洗い、うがいはどの世代も共通。

불요불급한 외출

아베 정부는 보다 적극적인 코로나 대처의 일환으로 일본 국민의 외출 자제를 촉구하기 위해 '불요불급한 외출'이라는 용어를 만들어 외출에 대한 기준을 세워 국민에게 알렸다. 정부발 신조어인 '불요불급한 외출'이 일본 국민에게 어떻게 전달되고 있는지 궁금해졌다. '불요불급(不要不急)'이라는 검색어로 7월 17일부터 7월 31일까지 업로드된 SNS 게시글을 분석해보았다. 이 시기는 긴급사태 선언을 해제한 후 정부가 경제부양에 힘을 쓰면서 국민의 경계심도 느슨해진 시기로, 정부가 공식적으로 발표하는 하루 확진자 수가 500명을 넘기 시작한 때이다. 확진자 수의 급격한 증가는 해이해졌던 국민의 경계심을 높인다. 따라서 외출 자제를 촉구하는 '불요불급한 외출'이라는 신조어의 사용이 자연스럽게 증가할 수 있어 해당 용어의 사용을 쉽게 관찰할 수 있었다.

대부분 '불요불급한 외출'이라는 말은 '삼가다(控える), 그만두다(やめる), 피하다(避ける), 자중하다(慎む), 외출을 하지 않는다(外出をしない)' 등의 동사와 붙거나 '왕래 자숙(往来自粛), 외출 금지(外出の禁止), 외출 방지(外出防止)' 등과 같은 명사와 붙어서 정부가 신조어에 담은 의도대로 외출을 자제하자는 내용으로 사용되었다. 그런데 그 외의 경우도 많이 관찰되는데 이 점에 주목해보자. '불요불급한 외출'은 '판단(判断), 어렵다(難しい), -에 해당하지 않는다(-に当たらない), ?(물음표)' 등과 함께 사용되어 해당 용어의 판단 기준에 대한 의문을 나타내는 내용이었다.

예시 4 불요불급이라고 해도 각자 사정이 다르니까 판단하기가 정말 어렵네요.
不要不急って言ってもそれぞれ事情が違うから、判断するのが本当に難しいよね…

예시 5 6월 초에 친척이 돌아가셔서 오쓰야(죽은 사람의 유해를 지키며 하룻밤을 새우는 의식)만 가서 얼굴만 보고 왔다. '불요불급' 선긋기는 어렵습니다.
6月頭に親戚が亡くなってお通夜だけ、顔だけ見てきた。〈不要不急〉の線引きは難しいね。

아베 정부가 국민의 자발적인 외출 자제를 촉구하기 위한 기준으로 제시한 '불요불급한 외출'은 일본의사협회사이트(日医 on-line)에서도 그 판단 기준을 구분하기 어렵다고 언급할 정도로 이 용어는 국민의 혼란을 가중시키는 결과를 낳았다. 인간의 삶은 개별적이고 주관적이어서 필요하지 않고 급하지 않은 일을 구분하기란 쉽지 않다. 그 점을 간과한 아베 정부의 신조어는 많은 혼란을 야기했다.

정부발 신조어인 '불요불급한 외출'은 점점 그 의미가 확대되어 '가치가 없는, 쓸모없는'이라는 부정적인 의미로 사용되기도 한다. 이 정부발 신조어는 '슈킨페이(集近閉)'처럼 대응하는 국민발 신조어가 없다. 하지만 그 대신 '언론의 존재는 불요불급'이나 '심의 거부를 밥 먹듯 하는 야당은 국회가 아니라 일본에 불요불급한 존재입니다.'와 같이 해당 용어의 의미 범위를 확장시켜 오히려 언론과 위정자들을 비판하는 데 사용하고 있다. 즉, '불요불급'은 정부발 신조어이자 동시에 국민발 신조어이기도 한 셈이다. 하지만 여기에서 그치지 않고 그 의미는 더욱 확장되어 '인간은 불요불급한 존재'나 '예술이 불요불급하다고 등한시된다.'는 식으로 자신의 처지를 비하하거나 어떤 사물이나 존재가 하찮다는 의미로 사용하기도 한다.

Go To 트래블

아베 정부는 7월부터 코로나로 타격을 받은 일본 내 여행 수요를 높여서 내수를 살리기 위해 1박에 최대 2만 엔을 보조하는 'Go To 트래블(トラベル)'이라는 새로운 정책을 펼쳤다. 그런데 또 하나의 정부발 신조어인 'Go To 트래블'은 '불요불급한 외출'과 정면충돌한다. 재택근무와 외출 자제를 촉구하는 가운데, 다른 한편에서는 이처럼 여행을 권장하는 정책을 동시에 펼치고 있기 때문이다.

이 두 신조어는 아베 정부의 자기모순을 나타내었다. 이러한 아베 정부의 모순에 일본 국민은 수많은 신조어를 쏟아내며 분노를 표출하고 있다. 정부발 신조어의 형식을 빌려 'Go To 트러블(トラブル), Go To 코로나감염확산캠페인(コロナ感染拡大キャンペーン), Go To 코로나확산캠페인(コロナ拡散キャンペーン), Go To 살인캠페인(殺人キャンペーン)' 등으로 이름을 바꿔 부르며 해당 정책을 조롱한다. 또한 이 정책을 'Go To 이권(利権)'이라 부르며 여행 관련 업종의 이권이 개입된 비리 정책이라 비난하기도 한다. 그리고 이 정책은 결국 'Go To 코로나(コロナ), Go To 감염자(感染者)'가 되어 더 많은 코로나 확산을 낳을 것이라는 우려의 목소리를 내기도 한다. 극단적으로는 'Go To 헬(ヘル)'이 될 것이라 맹비난을 퍼붓기도 한다. 정부 정책에 따르는 것을 'Go To 하다(する)'라 하면서 'Go To 하는' 사람에게는 'Go To 홈(ホーム), Go To 스테이홈(ステイホーム), Go To 캔슬(キャンセル)'하라고 촉구하기도 한다. 이제는 'Go To 트래블' 정책에 국한하지 않고 아프면 'Go To PCR' 'Go To hospital' 하자고 말한다.

이처럼 정부발 신조어 'Go To 트래블'에 대해 국민발 신조어로 비판과 비난이 이어졌다. 그 결과, 'Go To'는 표기와 의미가 본래의 것과 완전히 달라졌다. 일본어 신조어 안에서 ①~(으)로 향하는(빠지는), ②하자, ③해라 등의 의미를 나타내는 접두사로 자리 잡았다.

아베노마스크

코로나바이러스가 급격하게 확산되어 전 세계가 마스크 수급에 어려움을 겪고 있을 때 아베 정부는 일본 내 마스크 부족을 해결하기 위해 모든 세대에 거즈로 만든 마스크를 배포하기로 결정했다. 그러나 이러한 긴급 대응책에는 많은 문제점이 있었다. 1세대당 2장의 마스크만 배포하여 2인 이상인 세대에서는 마스크를 받지 못하는 세대원이 생기는 점. 한시가 시급한 상황에서 일본 전국에 마스크 배포를 완료하기까지 한 달 반이나 걸렸다는 점. 마스크의 크기가 작고 코 부분에 와이어가 없어서 얼굴 크기와 모양에 따라 코와 입이 노출될 수 있는 점. 한 번 빨면 바로 크기가 줄고 너덜너덜해지는 품질 논란 등의 문제점이 드러났다. 일본 국민은 아베 정부의 마스크 정책에 '아베노마스크'라는 이름을 붙여 야유했다. 더 나아가 배포된 마스크를 쓰레기라고 비난하는 '아베노고미(쓰레기)마스크(アベノゴミマスク)'라는 말까지 생겨났다. '아베(アベ)'로 시작하는 신조어는 코로나 확산이 거세질수록 계속해서 생산되었다. 아베 정부는 코로나 정국에서 국민을 집단 살해하는 행위를 하고 있다는 의미를 담은 '아베노제노사이드(アベノジェノサイド)'나 아베 정부의 정책은 우책이라며 조롱하는 '아베노구사쿠(アベノグサク〔愚策〕)', 일본의 코로나 상황은 아베가 만든 인재(人災)라는 의미의 '아베카(アベ禍)' 등이 있다. '아베카'는 일본의 코로나 상황을 '화'와 '재앙'이라 부르는 신조어 '코로나카(コロナ禍)'에 '아베(アベ)'를 붙여 만든 말이다. 이렇듯 '아베(アベ)'는 어느새 무능과 무용, 불신을 상징하는 접두사가 되어 있었다. 언어학에서 접사는 단독으로 쓰이지 아니하고 항상 다른 어근(語根)이나 단어에 붙어 새로운 단어를 구성하는 요소이다. '아베(アベ)'라는 언어 자체가 비자립적인 불완전한 성분인 접사로 정착했다는 점 또한 흥미롭다.

그런데 코로나 대처의 책임자이자 비판과 비난의 대상인 당시 일본 전 총리의 이름인 '아베(安倍)'가 가타카나로 표기되고 있다는 점에도 주목할 필요가 있다. '아베노마스크'나 '아베노제노사이드'는 뒤에 외래어가 이어지기 때문에 문자를 통일하기 위해 가타카나로 표기했다고 쳐도 '아베노구사쿠'나 '아베카'는 한자어에 붙기 때문에 각각 '安倍の愚策' '安倍禍'와 같이 표기해도 무방하다. 그런데도 신조어를 가타카나어로 만드는 이유는 무엇일까?

이러한 현상은 코로나바이러스 때문에 가속화되긴 했지만, 처음은 아니다. 일본의 자유국민사(自由国民社)가 매년 그 해에 유행한 신조어를 뽑는 '유캔 신어 · 신조어 대상'의 2015년판에서 톱 10으로 뽑힌 '아베 정치를 용서하지 않는다(アベ政治を許さない)'라는 말에서도 아베 전 총리의 이름을 'アベ'와 같이 가타카나로 표기하고 있다. 이 말은 하이쿠 작가인 가네코 도타가 쓴 포스터 내용인데 이 말이 널리 퍼지면서 현재 반정부 데모에서 사용되고 있다. 이와 관련하여 미시나 준(三品純, 2018)은 좌익

활동가들이 사용하는 가타카나, 이른바 '좌익가나(左翼仮名)'를 다음과 같이 3가지 용법으로 정리했다. ①대중감, 문화감을 강조하고 ②가타카나가 가진 예각적(鋭角的)인 느낌과 무기질감(無機質感) 때문에 '변호사 선생(代議士のセンセイ)'과 같이 야유의 의미를 나타낼 수 있으며 ③히로시마와 나가사키를 '広島'나 '長崎' 대신에 'ヒロシマ' 'ナガサキ'로 표기하면 '원폭이라는 끔찍한 변고로 고통받는' 의미를 내포하고 쇼와천황 히로히토를 '裕仁'가 아닌 'ヒロヒト'로 표기하면 '전쟁 책임이 있는' 의미를 나타내는 것처럼 메시지성이 있다고 했다.

국민발 신조어에서 가타카나 사용이 많은 이유도 '좌익가나(左翼仮名)'의 용법인 야유와 해당 용어가 탄생한 사건의 배경까지 내포하는 메시지성 때문일 것이다. 그 기저에는 모두 일반적이지 않은 것을 사용하여 다름을 강조하는 특수성을 활용한 효과가 깔려 있다. 일본어는 앞에서도 언급하였듯이 일반적이고 고유한 것은 히라가나와 한자로 표기하고, 외부의 것이나 특수한 것은 가타카나로 구별해서 표기하는 특징이 있다. 기존에 한자나 히라가나로 표기하던 것을 가타카나로 표기한다는 것은 더 이상 일반적이고 보편적이지 않다는 것을 의미한다. 다시 말해 내부의 영역에서 그것이 제외되었다는 의미이다. 일본 총리의 이름을 '아베(アベ)'로 표기하는 것은 내부(うち)와 외부(そと)를 명확하게 구분하는 언어감각을 가진 일본인의 마음속에서 현 정부를 이미 외부의 영역으로 배제했다는 것의 표현이 아닐까 생각한다.

사실 접두사 '아베(アベ)'의 시작은 2013년에 아베 정부가 스스로 만든 용어 '아베노믹스'이다. 이는 경제정책의 주창자인 아베 전 총리의 성(姓)인 '아베(安倍)'와 경제학의 총칭인 'economics'를 결합해서 만든 혼성어이다. 물론 그 의도와 의미는 국민발 신조어에 나타난 것과는 완전히 다르다. 도쿄도립대학교 법학부의 사토 신 교수가 아베마 타임스(ABEMA TIMES) 인터뷰에서 정부가 익숙하지 않은 용어를 사용하는 이유에 대해 '모르는 말이 나오면 국민이 자연스럽게, 흥미를 가지게 되어 결과적으로 감염과 대책에 주목하기 때문'이라고 하였듯이 그 시작은 긍정적인 의도였을 것이다. 이는 야나부 아키라(柳父章, 2012)의 '카세트 효과'로 설명할 수 있다. 카세트는 보석 상자를 말하는데, 상자가 작고 예뻐서 안에 멋진 것이 들어있을 것이라 생각하는 것이 카세트 효과이다. 사실 그것은 상자일 뿐 내용물이 보이지 않는다. 보이지 않기 때문에 오히려 멋지고 훌륭한 것을 상상하게 된다는 의미이다. 승려들의 염불을 듣거나 건강식품 광고에서 'OOO 성분 1000mg 배합'이라는 말을 접하면 많은 사람은 염불이 무슨 내용이고 식품에 들어있는 성분은 무슨 역할을 하는지 사실 잘 모른다. 모르기 때문에 막연하게 좋은 것이라 생각한다. 그것이 카세트 효과이다. 아베 정부의 '아베노믹스' 'Go To 트래블' '도쿄얼러트' '클러스터' '오버슈트' 등의 생소한 용어 사용은 이러한 카세트 효과를 노린 것이다. 일부러 가타카나어를 사용해서 정부 정책에 전문성을 부여하고 일본 국민

이 새로운 정책을 상상하고 기대하게 만들려는 의도이다.

야나부 아키라(柳父章, 2012)는 카세트 효과가 유익한 결과를 가져올 수 있다고 주장한다. 물론 '아베노믹스'와 같은 일반적인 정책에서는 효과가 있을지도 모른다. 그러나 국민발 신조어를 보면, 코로나 상황에서 정착하지 않은 언어를 사용해서 직접성을 피하고 이미지만을 전달한 정부발 신조어는 오히려 불신과 혼란을 가중한다는 것을 알 수 있다. 적어도 국민의 생명과 직결되는 위기 상황에서는 포장에 집중하기보다는 간단하고 명료하게 내용물을 보여줬어야 했다. 아베 정부와 일본 국민의 신조어 각축전은 코로나 정국에 나타난 아베 정부의 전략과 한계를 여과 없이 보여주었다.

신조어, 존재의 가치

정부발 신조어는 아베 정부가 코로나에 대처하는 자세를 숨김없이 보여주었다. 국민발 신조어는 일본 국민이 당시 상황을 어떻게 받아들이는지, 아베 정부에 대해 어떤 메시지를 보냈는지를 나타냈다. 일본에서 한 걸음 떨어져 신조어라는 거울로 코로나 사태 속 일본의 모습을 비추어 보니 일본 사회의 단면이 보였다. 아베 정부의 대처는 모순과 애매모호함, 겉포장, 책임회피로, 국민의 심정은 불신과 분노, 공포로 요약할 수 있을 것이다.

신조어에 나타난 또 하나의 특징은 이 치열한 신조어 각축전이 일본의 고유한 것이 아닌 특수한 말을 표기하는 비주류의 가타카나어로 펼쳐지고 있다는 점이다. 미지의 언어를 사용해서 지식을 뽐내고 그럴듯하게 꾸미는 일은 어느 나라에나 있다. 새로움이 주는 기대감과 호기심은 크다. 한국의 경우만 해도 초반에 공동주택이 건설되기 시작할 때 고급스러움을 강조하기 위해 '맨션'이라는 생소한 외래어를 가져와 건물 이름을 붙였다. 시간이 지나 '맨션'이라는 이름이 붙은 건물이 낡고 그 단어도 익숙해지자 '맨션'이라는 외래어의 위상이 바닥으로 떨어졌다. 그러자 건설업자들은 더 새로운 미지의 단어를 찾아 헤맸다. '리슈빌' '인스빌' 'OO힐즈' '프레스티지' '베르디움' 등 의미를 알 수 없는 이름들이 계속해서 생겨나고 있고 여전히 흥행에 성공하고 있다.

정책을 펼칠 때도 이러한 '카세트 효과'를 활용하는 것은 좋은 방법일 수 있다. 하지만 낯선 단어로 그럴듯하게 포장하는 일이 국민의 건강과 생명이 달린 국가 위기 상황 속에서는 오히려 독이 될 수 있다는 것을 '3밀'과 '아베노마스크'는 말하고 있다. 더불어 외부의 영역을 담당하는 가타카나라는 비주류의 문자로 정책을 알리고 비판을 하는 모습을 한 발 떨어져서 보고 있노라면 일본 정부와 국민은 여전히 당면한 문제의 근원을 직시하지 않고 외부의 영역으로 밀어내고 외면하고 있다는 생각을 지울 수가 없다.

이렇듯 신조어를 통해 코로나 사태 속 일본의 사회상을 엿볼 수 있었다. 어떠한 형태로든 코로나 사태가 종식되면 현시대를 보여주던 신조어는 대부분 일본어에 편입되지 못하고 소멸할 것이다. 코로나 관련 신조어는 하루살이와 같은 모습으로 짧지만, 열정적으로 코로나 속 일본을 비추고 있었다.

谷川幹, 〈未定着カタカナ語と〈日本語内英語〉:〈メティアと原語〉の視点から〉, 《ソフィア：西洋文化ならびに東西文化交流の研究》, 2009.

三品純, 〈サヨク活動家はなぜ〈カタカナ〉表記を好む？〉, 示現舎, 2018. jigensha.info/2018/03/28/katakana/ (마지막 접속 2020. 08. 09.)

柳父章, 〈日本における翻訳造語-〈カセット効果〉について〉, 《東アジアにおける近代諸概念の成立ー近代東亜諸概念的成立》 26, 2012.

* 이 글은 《비교문화연구》 60집(경희대학교 비교문화연구소, 2020)에 게재된 논문을 수정한 것이다.

‘인민’도 ‘공민’도 존재하지 않는 ‘단 하나의 중국’

이수연

21세기에 접어들면서 새로운 패권 국가 대열에 오른 중국은 전 세계적으로 위협을 가하는 신종 바이러스로 인해 국제사회의 냉랭한 시선을 한 몸에 받아야 했다. 중국을 향한 곱지 않은 시선은 단순히 가장 먼저 신종 바이러스가 확산된 국가이기 때문이 아니다. 바이러스를 대처하는 과정에서 보여준 중국 정부의 불투명한 데이터 공개는 팬데믹이라는 상황으로 이어지는 충분한 빌미를 제공했다고 생각하기 때문이다. 이로 인해 중국은 바이러스 숙주국이라는 그릇된 인식을 자아냈고 감염병으로 인한 심리적 불안감을 떨치거나 그에 대한 책임을 전가할 수 있는 대상이 되었다. 결국, 중국은 실체가 드러나지 않는 바이러스로 인해 사회 내부의 민낯을 선명하게 드러냈을 뿐만 아니라 시기적으로 중국의 대내외적 문제들이 겹치면서 국제사회에서의 고도(孤島) 형세는 극대화되었다.

사실 팬데믹 위기 이전부터 국제사회에서 중국을 바라보는 시선에는 고질적 불편함이 있었다. 그러나 논란의 무대에 오를 때마다 중국 정부는 국제사회의 시선을 '중국을 견제하는 반중 세력의 시선'으로, 중국 내부의 비판 세력을 '진실에 무지한 선동 세력'으로 치부했다. 이러한 대처로 결국 국제사회의 문제는 일시적으로 논란의 대상이 되었다가 잠잠해지곤 했다.

> 만약 공공의 사건이 일어나면 그것은 예기치 않은 돌발 사태이고 군중 소요이다. 만약 그것이 정치에 관한 것이라면, 그렇다면 그것은 정치적 격변의 위기이다. … 만약 성난 군중이 너무 많으면, 그렇다면 그들은 진실에 무지하고, 선동당한 것이다. 만약 비난이 국제적인 것이라면, 그렇다면 그것은 외국의 반중 세력이다.
>
> – 아이웨이웨이(艾未未, 설치미술가, 인권운동가)

이번 사안에도 국제사회를 향한 중국 정부의 태도는 기존과 대동소이했다. 그러나 생사와 결부된 문제 앞에서 일부 중국 사람의 움직임이 달라졌고 이로 인해 중국 사회 내부의 경계와 통제는 극에 다다르게 되었다. 또 팬데믹은 많은 사람에게 제한된 지리적 경계 내에서 일어나고 있는 현실이 전 세계의 운명에도 작동한다는 것을 인지하는 계기가 되었고 이에 더욱 세계의 시선이 중국의 움직임에 머무는 계기가 되기도 했다.

문제는 중국의 움직임에 보내는 다수의 시선이 주로 미디어를 통해 노출된 정보와 데이터에 기댄 수동적인 시선이라는 것이다. 이는 누군가의 의도로 만들어놓은 중국의 단편만을 두고 이야기하거나 중국 정부의 문제가 개인의 문제로 전이되어 중국인에 대한 혐오, 차별로 쉽게 확산할 수 있다. 그러므로 이러한 시선에는 변화가 필요하다. 즉, 단순히 일시적이고 반복적인 시선에 동조하는 데 그치는 것이 아니라 국가와 국민, 전체와 개인 그리고 그들의 관계, 그 관계에서 놓치지 말아야 할 본질적인 가치에 대한 사유를 전제한 능동적인 시선으로의 변화가

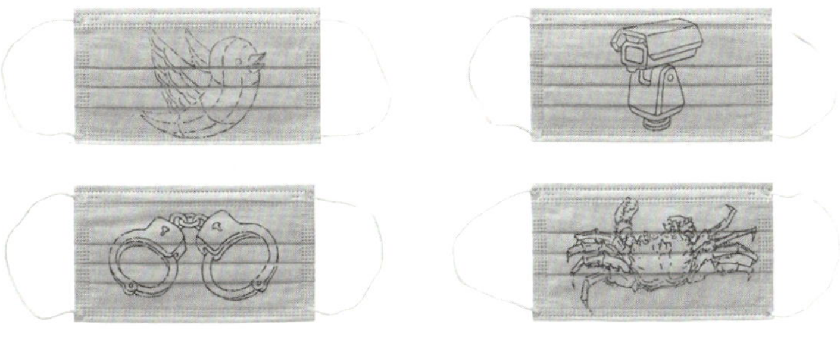

아이웨이웨이의 작품을 실크스크린한 마스크 (출처 : Guggenheim Museum)
이 마스크를 통해 아이웨이웨이는 개인의 미미한 행동이 사회적 반응의 일부가 될 때 큰 힘이 될 수 있음을 이야기하고자 했다.

필요하다. 또한 자본과 정보의 세계화에 둔감해진 로컬 속 감춰진 인간의 문제, 즉 개인 문제의 세계화, 공론화를 위한 지속적인 관심이 무엇보다 필요한 상황이다.

이 글에서는 '중국'이라는 국가명이 지칭하는 일정한 지리적 경계 내에서 일상의 삶을 사는 개인과 그들을 통치하고 통제하는 힘에 대한 현재의 이야기를 하고자 한다. 이는 또 다른 국가에서도 일어나고 있는 이야기이며 수많은 예측과 전망 가운데 충분히 상상할 수 있는 미래와 관련된 이야기이기도 하다.

실재와 허상 세계의 위험한 공존

기본적으로 국가는 사회 질서와 구성원의 안전한 삶을 보장하기 위한 통치와 통제를 전제한 거대 공동체이다. 통치와 통제는 목적과 방법에 따라 정치사회에서의 지배를 목적으로 하는 통치와 통제, 시민사회에서 구성원의 합의를 기반한 일정한 방침이나 목적에 따른 통치와 통제로 구분된다. 근대 이후에는 지배를 위한 통치와 통제에 대항하기 위한 감시 장치를 마련하기 시작했으며 각국은 역사적, 사회적 배경에 따른 정치 이데올로기를 토대로 정치 체제를 도입하였다.

중국도 예외는 아니었다. 1912년 봉건 체제가 종식을 고한 후 대략 37년간의 크고 작은 세력 다툼을 겪고 난 뒤에서야 단일 국가 체제의 중화인민공화국을 수립하게 되었다. 중국의 새로운 정치 이데올로기는 수탈과 억압으로 지칠 대로 지친 사람들에게 숨을 쉴 공간을 만들어주는 듯했다. 그러나 10년이 채 안 돼서 중국의 새로운 정치 이데올로기는 통치를 위한 권력 유지와 투쟁을 위한 수단으로 변모했다. 이데올로기는 세상을 인식하는 관념과 시각을 만드는 사고 체계로 그것을 믿지 않는다고 해도 우리도 모르는 사이에 일상의 곳곳에서 다양한 방식으로 작동하고 있다. 그러므로 정치 이데올로기가 전체를 유기적으로 연계하는 소통의 수단이 아닌 특정 소수의 이익을 위한 레토릭으로 작동할 경우, 거대 공동체의 위험한 통제 수단으로 전락해버리기 쉽다. 마오주의 시대는 이를 극명하게 보여주었고, 결국 30여 년 만에 그들만의 사회주의는 실효성을 상실하게 되었다.

그러나 그로부터 또다시 30여 년이 지난 현재, 중국 사회 내부에서 '붉은 왕조(紅朝)'나 '차이나치(Chinazi)'라는 단어들이 출현하고 있다. '붉은 왕조'와 '차이나치'는 불특정 다수 사이에서 '중화인민공화국'을 표현하는 단어로, 중국의 대표적인 검색 사이트에서는 그 뜻을 찾아보기 어렵다. '붉은 왕조'의 '붉은(紅)'은 중국 공산당을 의미한다. 붉은색은 '혁명'과 공산당의 이데올로기를 상징하며 중국 공산당의 궤적과 함께한 색으로 중화인민공화국을 상징하는 색이기도 하다. '왕조(朝)'는 한 가문이 군주의 직위를 세습하며 다스리던 전제군주제 시대를 의미한다. 결국 '붉은 왕조'는 명목상 '공화국'이지만 실질적으로는 여전히 전제군주제 형태의 국가 또는 중국 공산당의 전제정치가 이뤄지는 시대를 의미한다. 이는 중국 공산 정권에 반대하는 사람들을 사이에서 사용되고 있다. 또한 '차이나치'는 '차이나(China)'와 '나치(Nazi)'의 합성어로 최근 신장 위구르 자치구와 홍콩을 향한 중국 정부의 정책에 대한 비판적인 시선에서 출현한 단어이다.

두 단어와 이를 사용하는 이들에 대한 평가는 각자의 몫이다. 그러나 분명한 것은 이러한 부정적인 단어의 출현이 중국 사회 내부에 흐르는 이상 기류를 나타내는 신호일 수도 있다는 것이다. 그렇다면 현재 중국 사회가 극단적 정치 이데올로기의 선도와 폐쇄적인 공간의 표상이었던 과거의 중국, 심지어는 왕조를 연상시킨다는 것은 단순히 또 다른 경쟁 패권 국가가 설정한 프레임 속에서 가능한 것만은 아닐 수도 있다.

법치 중국이라는 청사진을 제시하며 주석에 오른 시진핑은 5년이 지난 2018년 개헌을 통해 장기 집권의 발판을 확보하면서 마오 시대의 '사회주의 유토피아'가 아닌 '중화 민족주의 유토피아'를 재건하였다. 어니스트 겔너의 견해대로 민족주의는 민족들이 자의식에 눈뜬 것이 아니라 민족이 없는 곳에 민족을 발명해낸 것이다. 전 세계 역사적 현실 속에서 발명해낸 민족주의는 또 다른 이데올로기와의 결합을 통해서 서로 다른 형태로 존재했는데 흔히 '공민적 민족주의' '저항적 민족주의'와 '종족적 민족주의' '제국적 민족주의' 등으로 구분되며 그에 대한 역사적 평가가 갈리곤 했다. 중국의 민족주의 역시 제국의 지배와

속박에서 자유를 향한 민중 동원의 구심점 역할, 다민족을 통일하기 위한 수단, 개혁개방 이후 심각한 빈부격차와 권력층의 부정부패 심화 현상에 따른 사회 분열을 봉합하는 수단 등으로 역사 시대의 현실과 밀접하게 연계되어 작동하였다. 이처럼 민족주의에 내재된 대중의 영합을 끌어내는 속성 그리고 배타성과 폐쇄성은 국가 통치에 유용한 속성으로 작용했으나, 지구촌과 세계화라는 공간 인식이 출현한 이후 민족주의는 점차 소멸해 가는 이데올로기 무리에 속하게 되었다.

그러나 패권 국가의 대열에 들어선 중국은 또다시 권위주의와 결합한 민족주의의 카드를 꺼내 들었다. 이를 기반으로 한 중국 문명과 제국의 부활이라는 허상 세계를 구축하기 위한 슬로건은 인민에게 적중했다. 또한 "애국주의는 중화 민족정신의 핵심이다."라는 시진핑의 정치적 레토릭과 만인의 기억을 구성하는 '홍색 문화' 정책은 사람들의 애국주의 열정을 더욱 자극하였다. 이로 인해 애국주의에 도취한 사람들의 중립적인 사고 능력이 점차 마비되고, 한족이 이끄는 중국만이 옳다는 배타적 사고와 정부의 결정을 무비판적으로 수용하는 변질된 애국주의를 양산하고 있다. 이는 정부의 지원을 받고 활동하는 '우마오당(五毛黨)'과는 달리 극단적인 민족주의와 애국주의로 정부 정책을 옹호하고 중국에 대한 비판적 의견에 대해서는 과격한 반응을 보이는 10대, 20대 젊은층을 중심으로 한 '샤오펀훙(小粉紅)'의 자발적인 활동 양상을 통해서도 알 수 있다.

〈중국이 바라보는 중국(How China looks at itself)〉 (출처: https://time.com)
아이웨이웨이가 디자인한 타임지 표지

중국 정부의 낡은 정치적 레토릭이 겹겹으로 쌓인 이데올로기에 또다시 사람들이 열광하는 이유는 무엇인가. 그 이유는 '자본'과 '원칙이 없는 통제'에서 기인한다고 볼 수 있다. '자본'과 '원칙이 없는 통제'의 결합은 허상 세계를 구현 가능한 세계로 만들어놓는다. 그리고 구현된 세계의 주체가 인민이라고 믿게 만든다. 개혁개방 이후 중국인들의 부(富)를 향한 열정으로 일궈낸 급성장은 거대한 자본을 형성하여 세계에서 중국의 입지를 다지는 토대 역할을 하였다. 이후 중국 자본은 투자의 형태로 각국에 유입되면서 중국의 당-국 체제를 이끌어 가는 소수의 집단에게는 권력의 자양분이 되어주었다. 그리고 그 힘은 고스란히 중국과 연계된 문제들이 국제사회에서 공론화되는 것을 막는 부정적인 힘, 이른바 '샤프파워(sharp power)'를 구사할 수 있는 자원이 된 것이다. 이와 더불어 자본은 중국의 당-국 체제의 당위성을 확보하는 힘이 되기도 한다. 자본의 논리에 침윤된 시대의 숫자는 자칫하면 인류가 놓치지 말아야 하는 가치를 앗아가는 최고의 사기꾼이 되기도 한다. 그 대표적인 예가 세계경제지표이다. 세계경제지표의 숫자들은 그 이면에 복잡하게 얽힌 맥락들을 숨기고 중국인에게 '잘사는 국가의 국민'으로서의 자긍심을 고취하고, 당-국 체제에 대한 신뢰도를 높여준다.

그러나 중국 총리 리커창이 내외신 기자회견에서 "중국의 1인당 연간 평균소득이 3만 위안(약 518만 원)에 달하지만 (14억의 중국의 인구 중에서) 6억 명의 월수입은 고작 1,000위안(약 17만 원)이다."라고 밝혔듯이, 적어도 6억 명의 중국인이 알아야 하는 실제의 숫자이자, 불평등의 숫자는 세계경제지표의 숫자 뒤에 숨겨져 있다. 그럼에도 불구하고 신자유주의 체제는 돈을 가지지 못한 자에게 불안을 안겨주고 그 불안은 세계경제지표 숫자가 보여주는 '잘사는 국가'와 '나'를 쉽게 동일시하게 만든다. 이처럼 '전체'가 '개인'이 되고 '개인'이 '전체'가 되는 상상은 현실에서 '잘사는 국가'에 대한 인문적 사유는 불필요하며 '중국몽(中國夢)'의 영광이 개인에게 전달된다고 믿게 한다.

또한 원칙이 없는 통제, 즉 단지 명분으로만 내세운 원칙을 기반으로 한 통제는 내부 세계의 모순과 갈등을 보지도, 이해하지도 못하도록 가로막아 낡은 정치적 레토릭이 더욱 그 효과를 발휘하게 된다. 새로운 세상에 대한 희망의 문구가 적힌 피켓을 든 중국 정부의 원칙이 부재한 통제는 마오주의 시대와 함께 시작되었고, 마오주의 시대의 종식과 함께 개혁개방과 사상해방을 우선시한 새로운 지도부의 등장으로 사라지는 듯했다. 그러나 개혁개방 이후 서서히 드러나는 맹점은 이내 정치개혁에 대한 염원으로 이어지면서 중국 정부는 마오주의 시대 '닫힌 공간'에서의 통제보다 난이도가 높은 '열린 공간'에서의 새로운 통제의 필요성을 인식하게 되었다. 게다가 1990년대 이후 뉴미디어가 발달하면서 일반 대중도 기존에 국가가 장악했던 대중미디어 담론권을 획득하게 되었다. 이후 법 테두리 밖에서의 통치, 통제에 저항하고 권위를 부정하며 절대적인 자유를 추구하려는 일부 중국인은 다양한 인터넷 플랫폼에서 자신의 목소리를 내기 시작했다. 이에 올드 미디어에 이은 뉴미디어에 대한 통제가 강화되었고 중국 정부의 새로운 형태의 통제 역사가 시작되었다.

중국 정부는 언론 및 인터넷의 모든 플랫폼을 감시, 검열하는 시스템을 통해 소통의 무한한 자유를 기술적으로 탄압하고 그 위에 '인위적으로 만든 사실과 진실'로 또 다른 명분을 제시하기에 이르렀다. 이로 인해 다수의 중국인은 통제가 만들어낸 명분 속에 현실 속 사실과 진실을 제대로 보지 못한다. 그리고 또 다른 소수의 중국인은 분노하지만, 그들에게 중국 정부는 '공중보건을 위한 마스크' 대신 강제로 '침묵의 마스크'를 씌웠다.

> 그만해, 곰팡이 낀 우상화와 천박한 영수 숭배를…
> 그만해, 춤과 노래로 태평성세를 찬미하는 염치없는 행위와 부끄러움을 모르는 추악한 행위를…
> 그만해, 피에 굶주린 붉은 왕조의 정치와 탐욕이 끝이 없는 당국 체제를…
> 그만해, 한 걸음씩 시대의 흐름에 역행하는 7년 동안의 황당무계한 행위를…
> 그만해, 수많은 목숨이 무참히 살상된 역사상 유례없는 참혹한 70년 동안의 공산당 폭정을…

위의 문장은 전 칭화대학교 법대 교수 쉬장룬(許章潤)의 〈세계 문명의 바다 위에 떠 있는 중국의 외로운 배(世界文明大洋上的中國孤舟)〉 결미의 다소 과격한 외침이다. 이 문장은 중국 정부가 손을 댈 수 없는 SNS를 통해 개인에서 개인으로 전파되고 있으나 외침의 주인공인 그는 결국 체포됐다. 또한 인터넷에 공개서신을 올려 시진핑의 일대일로(一帶一路) 정책을 강하게 비판한 누군가는 인터뷰 도중 체포되어 감금 상태에 있다. 시진핑을 "벌거벗은 채 황제 되기를 고집하는 어릿광대"로 비유하며 공산당 지도부의 신종 바이러스 초기 대응 실패와 체제의 폐단을 통렬히 비판한 또 다른 누군가는 연행되었다. 이외에도 각계의 저명인사들뿐 아니라 일반 대중 역시 중국 공산당 지도부에 대한 질타의 목소리를 내고 있지만, 이들의 비판은 "날카로운 비판은 수용해야 한다."라고 말한 시진핑의 "날카로운"의 기준에 미치지 못했는지 중국 지도부는 수용의 기미를 보이지 않는다.

오히려 공권력을 동원하여 비판의 원천을 봉쇄하고 확산을 차단하고 있다. 중국의 체제와 공산당 지도부를 비판하는 소수의 중국인이 두려워하는 건 보이지 않는 바이러스가 아니다. 중국인의 기억을 재구성하고 현실에 대한 인식을 조정하는 '당과 정부 주체의 인포데믹'이다. 팬데믹 이후 신뢰할 수 있는 기관의 공인을 받지 않은 정보는 사회의 혼란과 위험을 초래한다고 경고한다. 그러나 인포데믹이 정말 위험해질 수 있는 상황은 잘못된 정보가 거대 권력의 통제 속에서 신뢰할 수 있는 기관의 공인받은 올바른 정보로 둔갑하여 잘못된 정보임을 분별할 기회조차 얻지 못하고 지나갈 때이다. 당과 정부 주체의 인포데믹을 막기 위한 사람들의 움직임과 그들의 생각을 중국 정부는 가상 세계에서 소거할 뿐만 아니라 실재 세계에서도 소멸시킨다.

중국 당-국 체제의 무소불위 권력이 되는 자본과 원칙이 없는 통제는 중국이라는 "대가정 안에서" 분가하여 행복한 생활을 하고자 하는 "형제 민족"에게는 더욱 가혹하게 다가왔다. 중화인민공화국 수립 이후 공산당은 "모든 형제 민족이 중국이라는 대가정 안에서 행복한 생활을 한다."라는 슬로건과 함께 유화적인 소수민족 통합 전략을 세웠다. 그 과정 중에 형제 민족이 행복한 생활을 했는지는 미지수이나 결과적으로는 비교적 성공적인 것처럼 보였다. 그러나 분리독립을 위한 소수민족들의 지속적인 저항 활동과 이들의 거주 지역에 공공의 안전을 위한다는 명분 아래 진행된 경찰과 군인 상시 배치, CCTV 감시, 스마트폰 검열, DNA와 생체 정보 수집 등이 국제사회에 알려지면서 '형제 민족의 행복한 생활'이라는 텍스트에 속에 감춰진 의도와 차별 그리고 인권 유린에 대한 우려와 비판이 증폭되기 시작했다.

게다가 중국 정부는 2015년 반테러법을 제정하여 대가정 안에서의 삶을 거부하는 이들에게 테러라는 프레임을 더해 종교와 표현의 자유는 물론 인권까지도 합법적으로 탄압하기 시작했다. 2017년부터 건립한 신장 재교육 캠프가 위구르족 강제수용소라는 실체가 드러났을 때도 중국 정부는 "우리는 테러와 싸우고 있고, 중국 정부는 인권을 누구보다 존중한다."라고 밝히면서 수용소라는 것을 인정하지 않았다. 또한 신장 위구르족에 대한 탄압을 정당화하는 내용의 다큐멘터리를 영문과 중문으로 제작하여 CGTN(China Global Television Network) 채널을 통해 연이어 방영하였다. 이러한 방식은 소수민족 지역이 아닌 홍콩에도 적용되었다. 민주화에 대한 홍콩인의 외침을 테러로 규정하고 심지어 국가보안법을 제정하여 23년 전 일국양제(一國兩制)의 약속을 깨고 홍콩의 숨통을 조이기 시작했다.

'대가정 안의 행복한 생활'이 낳은 광기가 때로는 더 많은

'테러리스트'를 만들어낼 수도 있는 상황이라는 것을 철저한 통제의 돔 아래 사는 대다수 중국인은 잘 모른다. 그들이 한때 제국의 억압 속에서 전 세계를 향해 외쳤던 자유와 민주를 향한 외침을 망각하고 현재 이데올로기가 만들어낸 세계 속에서 소수의 외침을 묵살하고 있으며 그것이 거대 권력의 가혹함에 대한 또 다른 형태의 동조라는 것을 자각하지 못한다.

〈테러리즘의 전선, 중국 신장(中国新疆 反恐前沿)〉(위)과 〈배후세력(幕后黑手)〉(아래)
신장 지역의 테러 현황 소개 및 중국 정부가 시행 중인 신장 정책의 성과를 선전하고, 중동의 이슬람 테러 조직이 위구르족과 연계되어 있다는 주장 등을 담은 CGTN 다큐멘터리이다.

이처럼 원칙이 없는 통제가 낳은 무비판을 토대로 삼은 중화 민족주의는 공동체 구성원의 권한을 무력화한다. 또한 민족이 이룬 자본 속에 민족이 아닌 민족을 만들어낸 세력만 존재하고 사람들의 두 눈을 가려 그들이 살아가는 실재 세계를 보지 못하게 한다면, 거대 권력이 내세운 이데올로기가 구현한 허상 세계의 희망은 이내 두 얼굴을 드러낼 것이다. 다시 말하면 설사 그들의 '중국몽'이 이뤄진다고 해도 그 세계는 여전히 극히 소수만이 누릴 수 있는 세계가 될 가능성이 크다.

신신민(新臣民)

팬데믹 확산의 가속화를 통제하기 위해 디지털 기술을 방역에 투입하는 국가의 수가 증가하고 있다. 이에 대해서 효율적인 언택트 방역이라는 긍정적인 시각이 있는 반면에 정보 독점으로 사회를 통제하는 권력을 일컫는 '빅브라더'가 현실화되는 것은 아닌지에 대한 우려의 시각이 공존하고 있다. 그 가운데 디지털 방역 시스템에서 두각을 드러내고 있는 중국 정부는 최근 수년 동안 과학기술을 기반한 효율적인 거버넌스 시스템 구축을 강조해왔고 이를 뒷받침하기 위해 "새로운 정보화 수단으로 사회의 문제점을 더 잘 감지하고 소통 채널을 원활하게 유지해 정책 결정에 참고"한다는 명분을 내세웠다. 그리고 실제로 통합 관리 및 지휘 스크린을 통한 실시간 모니터링, 생체인식 기반

인지 방식, 모바일 결제 방식에 이어 디지털 화폐 등을 도입하고 있다.

그러나 스마트 거버넌스 시스템 사용을 규제하거나 감시하는 사회적 시스템이 부재한 상태에서 중국 전체로 이를 확대 적용한다면 '사회문제점을 더 잘 감지하는 이들의 소통 채널을 감시하고 추적하여 통제하는 시스템'으로 오용될 수 있다. 또한 단일한 국가 시스템 구축으로 일상의 모든 정보를 독점한 권력의 더 강력한 통제 시대의 개막을 알리는 신호탄이 될 수도 있다. 그뿐만 아니라 세밀한 감시 시스템이 공적 공간과 사적 공간의 경계를 무너뜨린다면 사회 구성원을 거대 질서에 맞게 정렬하여 새로운 신분 사회를 만드는 것은 어렵지 않은 일이 될 것이다. 사실 중국 정부는 국가 차원에서 디지털 기술로 취합한 정보를 기반으로 사회 구성원의 신용 등급을 매겨 그에 따른 보상과 처벌을 가하는 '사회신용시스템'을 구축하였으며 이를 2018년부터 차츰 각 분야에 적용하기 시작했다. 어쩌면 중국 사회에서는 애덤 스미스의 '보이지 않는 손'이 아니라 또 다른 형태의 '보이지 않는 손'에 의한 신분화가 이미 진행되고 있는지도 모른다. 그렇다면 소수의 누군가에게는 유토피아이고 다수의 누군가에게는 디스토피아가 되는 사회가 머지않아 현실로 구현되는 건 그리 어려운 일이 아니다. 또한 그런 사회에서는 독립적이고 자유의지를 가진 개체이자, 자신이 중국 사회 건설 주체라고 믿는 '인민'은 더는 필요하지 않은 단어가 될지도 모른다.

우리에게 '인민'은 낯선 단어이다. 그도 그럴 것이 인민이라는 단어에는 본래의 의미와는 상관없이 이데올로기의 색채가 묻어 있기 때문이다. 그러나 이데올로기를 제외한 용어 그 자체의 의미만 본다면 인민은 특정 사회 속에 존재하는 동일자들의 거대 집단에 소속된 개인이 아닌 존재 자체로도 의미가 있는 역사의 주체자로서의 개인을 지칭한다. 중국에서 인민은 역사적 혁명과 미래를 설계하는 주체로서 1949년 이후 "인민은 나라의 주인이다."라며 '국민'을 대체하는 단어가 되었다. 이는 왕권 체제의 신민에 이어 근대 시기 제국으로부터 수많은 억압과 수난을 경험한 중국인들에게 희망으로 다가온 새로운 신분이기도 했다. 그러나 나라의 주인이던 인민은 이내 실체가 없는 배신의 단어가 되었고, 인민을 구성하던 공농병(工農兵 · 노동자, 농민, 군인)은 낭만적 부조리극의 주인공이 되었다. 시대의 변화에 따라 부조리극의 주인공들은 법률 앞에서 평등하고 인권을 존중받으며 신체의 자유, 종교 신앙의 자유, 언론 · 출판 · 집회 · 시위의 자유 등 헌법으로 다양한 자유를 보장받고 의무를 이행하는 '공민'의 신분에 또다시 희망을 품게 되었다. 그러나 공민 역시 개인의 말과 행동의 힘이 더 거대한 힘으로 제압당하는 사회에서는 언어로 만들어진 세상에서만 존재할 뿐, 그 밖에서는 여전히 공허한 단어로 들릴 것이다. 게다가 거대한 힘의 제압이 이데올로기와 미화된 슬로건에 감화 · 감동된 만인의 자발적 동의를 전제한다면 언어로 만들어진 세상에서조차 인민과 공민은 퇴출당하는 단어가 될지도 모른다.

> 인민은 반동파에 대해서는 독재를 실행하고 그들을 억압하고 자유를 빼앗지만 인민 내부에서는 민주제도를 실행한다.

이 문장은 1947년 마오쩌둥의 〈인민민주독재를 논한다〉의 일부분이다. 이 논의는 국가 통치 원리에 적용되었고, 중국 헌법에는 중화인민공화국은 "인민민주독재의 사회주의국가이다."라고 명시되어 있다. 그러나 '반동' '독재' '인민' '민주' '자유'라는 기본적인 가치가 명확한 개념을 동반하지 않는다면, 개인의 권리를 무의미하게 만들어버리는 전체에 매도되는 것을 감시하지 않는다면, 중국인들이 공공의 안전과 질서 유지를 위한 사회관리 방식 뒤에 숨은 보이지 않는 새로운 군주의 새로운 신민으로 전락한다 해도 아무도 눈치채지 못할 것이다.

Ernest Gellner, *Plough, Sword and Book: The Structure of Human History*, University of Chicago Press, 1990.

3부

철학, 현대사회를 말하다

팬데믹에 대한 두 관점

아감벤과 지젝의 경우

이택광

조반니 보카치오의 《데카메론(Decameron)》은 14세기에 피렌체에 창궐한 페스트에 대한 묘사로 서문을 시작한다. "그 휘몰아치는 전염병 앞에서는 어떤 인간의 지혜도, 대책도 소용이 없었다."라고 보카치오는 쓴다(22). 특별 임용한 공무원들이 오물을 치우고, 병든 이들의 출입을 금지하고 위생 지침을 하달했지만, 사태는 전혀 나아지지 않았다고 전한다. 이런 상황에 처한 피렌체 주민들은 집에 은거하면서 가족끼리 소박한 음식을 먹고 와인을 마시면서 조용히 지내거나 아니면 반대로 죽기 전에 실컷 즐겨나 보겠다고 술집을 전전하면서 통음하거나 남의 집을 무단 점거하고 잔치는 벌이는 것과 같은 불법적인 일도 서슴없이 저질렀다. 한마디로 국가 기능 자체가 마비된 상태를 피렌체 주민들은 팬데믹의 한가운데에서 경험했다. 이런 일이 벌어진 이유는 "법을 집행하는 관리들이나 관사들도 여느 사람들처럼 죄다 죽거나 병에 걸리거나 가족들에게 의지해 근근이 살아가느라 일체의 사무를 볼 수 없었기 때문"이었다(26).

팬데믹과 국가

보카치오는 《데카메론》에서 법의 정지 상태와 무정부의 예외 상태가 관습과 문화를 근본부터 바꾸었다고 말하면서도 이런 변화가 모든 이들에게 공평한 효과를 초래한 것은 아니라고 언급한다. 보카치오는 특히 "하층계급과 대다수의 중산 계급은 상황이 훨씬 비참"했다고 말한다(29). 무엇보다도 이 상황은 "인간의 존엄성"이라는 신화를 해체하는 결과를 낳았다. 그저 죽은 짐승의 시체를 치우는 것처럼 아무런 장례 절차도 없이 죽은 시신을 땅에 매장하는 일이 다반사였기에, 이런 비인간적인 행위를 "재난"으로 인식조차 하지 못하는 일이 벌어졌던 것이다. 흥미롭게도 이런 보카치오의 개탄은 코로나바이러스 팬데믹에 대한 조르조 아감벤의 입장과 같은 선상에 놓여 있는 것처럼 보인다. 2020년 2월 26일 〈쿼들리벳(Quodlibet)〉이라는 온라인 매체에 아감벤은 "팬데믹의 발명"이라는 제목으로 짧은

논평을 게재했다.[01]

이 짧은 글에서 아감벤은 코로나19로 인해 그동안 개인의 의식을 사로잡아 온 "공포 국가"가 본격적으로 시작될 수 있다고 경고했다. 마치 테러리즘이 규제 제한을 무력화시키는 것처럼, 팬데믹의 상황으로 국가의 개입에 대한 경계심이 느슨해질 것이라고 아감벤은 우려했다. 물론 이런 그의 주장은 코로나19가 곧바로 "공포 국가"로 이어진다는 뜻이 아니다. 이번 팬데믹을 통해 국가의 개입을 개인이 정당화할 수밖에 없는 일이 벌어질 것이라는 의미이다. 이런 아감벤의 경고는 "독감과 크게 다르지 않다."라고 코로나19의 증상을 오판해서 말하는 바람에 소셜미디어에서 조롱의 대상이 되기도 했고, 장-뤽 낭시를 비롯한 동료 철학자들의 반대에 부딪히기도 했다.[02]

물론 중요한 문제제기이기는 하지만, 아감벤의 논리는 팬데믹의 원인과 결과를 진단하기에 허약하다. 예외 상태를 이용한 "공포 국가"의 출현은 굳이 팬데믹이 아니어도 가능할 것이다. 이런 관점에서 나 역시 아감벤의 주장에 동의하는 것은 아니지만, 그렇다고 그의 우려가 세상 물정 모르는 노학자의 편견이라고 가볍게 치부해버리기에는 국가와 방역이라는 문제와 관련

01 Giorgio Agamben, "L'invenzione di un'epidemia", Quodlibet, 2020. 02. 26.
www.quodlibet.it/giorgio-agamben-l-invenzione-di-un-epidemia (마지막 접속 2021. 04. 19.)

02 낭시의 비판은 다음을 참고할 것.
Jean-Luc Nancy, "Eccezione virale", Antinomie, 2020. 02. 27.
antinomie.it/index.php/2020/02/27/eccezione-virale (마지막 접속 2021. 04. 19.)

한 훨씬 복잡한 문제를 내포하고 있다는 생각이다. 아감벤의 상상과 달리, 국가의 이름으로 이루어지는 방역의 실상은 정반대의 양상을 띠고 있는 것처럼 보이기 때문이다. 보카치오가 그려놓은 페스트의 상황은 "공포 국가"는커녕 국가의 기능이 정지했을 때 출현할 수 있는 대혼돈을 보여준다. 오히려 이런 상황에서 개인들은 권리를 기꺼이 포기하고 더 강력한 국가의 작동을 요청하게 된다는 사실을 이번 팬데믹 역시 확인해주었다. 새롭게 확인한 사실관계에 비추어 아감벤의 생각을 조금 비틀어 들여다보면, 지금 우리 역시 당면하고 있는, 집단 방역과 개인의 자유라는 딜레마를 조우할 수밖에 없다. 방역은 자유와 함께 갈 수 없다는 점에서 아감벤의 지적은 완전히 근거 없는 것은 아니다. 그러나 그렇기 때문에 방역의 문제는 공동체를 위해 개인의 자유를 일정하게 양보할 수도 있다는 생각의 전환을 필요로 한다. 그러나 이 역시 이러한 상황이 초래하는 훨씬 심각한 문제에 대한 확실한 대답은 아니다. 팬데믹의 상황은 집단의 구속보다 개인의 자유가 우선한다는, 또는 공동체의 존재 이유에 우선해서 개인의 인권이 있다는 근대 계몽주의의 교리가 자명하지 않다는 사실을 보여주기 때문이다.

정상성의 딜레마

프라이버시는 선험적으로 주어진 것이라기보다, 특정한 역사적 산물이라고 할 수 있다. 팬데믹과 관련해서 가장 자주 언급되는 용어이지만, 사실 프라이버시의 의미는 애매모호하다. 원래 프라이버시는 법률적 용어로 개인의 서간을 열어볼 수 있는 권리를 의미했다. 말 그대로 정보를 열람하고 수집해서 관리할 수 있는 권한인 셈이다. 그러나 이렇게 프라이버시와 관련한 감시의 문제는 경우에 따라서 이상한 조합을 이루기도 한다. 인도 델리의 전철에는 상냥한 여성 경찰 캐릭터와 함께 "당신은 감시받고 있습니다."라는 표지가 붙어있다. 이 메시지는 이용객들에게 프라이버시 침해의 의미보다 여성을 비롯한 전철 이용자의 안전이 보장받는다는 의미로 받아들여진다. 이런 사실만 보더라도, 팬데믹의 문제를 프라이버시의 관점에서 고찰하는 것에 명백한 한계가 노출된다.

그의 주장을 선해한다면, 아감벤의 주장은 이 위기를 성찰하지 않는 게으른 우리의 사유를 비판하는 것으로 읽을 수 있다. 코로나19를 일반적인 독감으로 착각했다는 문제가 있긴 하지만, 그는 이후에 자신의 문제의식을 가다듬어서 전달하기 위해 일련의 인터뷰를 진행했다.[03] 인터뷰에서 그는 좀 더 정교하

03 이 일련의 논의는 편집을 거쳐 책으로 출간되었다.
Giorgio Agamben, *A che punto siamo? L'epidemia come politica*, Quodlibet, 2020.
www.quodlibet.it/libro/9788822905390 (마지막 접속 2021. 04. 20.)

게 자신의 주장을 이야기했는데, 요약하자면, 근대 정치에서 언제나 중요하게 다루어졌던 문제는 생물학적인 생명이었고, 그렇기에 질적으로 나은 생명 또는 삶의 영위에 대한 고찰은 누락되어 있었다는 것이다. 말하자면, 존재의 권리가 좋은 삶을 누릴 권리를 압도했던 것이 근대 정치였던 셈이다.

이런 의미에서 작금의 팬데믹 상황은 생물학적 생명을 우위에 놓았던 근대 정치, 다시 말해서 생명정치의 위기를 의미한다는 것이 아감벤의 입장이다. 이 상황은 질적으로 나은 삶에 대한 요구의 근거가 되는 인권 개념의 붕괴를 뜻하는 것이기도 하다. 인권이냐 방역이냐 선택의 문제에서 아감벤은 인권의 가치가 속절없이 양보 당하는 것을 두려움에 가득한 시선으로 목도하고 있는 것이다. 물론 이런 인권의 가치를 끊임없이 마멸시킨 주범은 자본주의 경제 논리이고, "벌거벗은 삶"을 방치하고 배제하는 국가 장치들이다.

물론 이런 아감벤의 관점이 다분히 유럽중심주의적이라는 것은 부정하기 어렵다. 자칫 아감벤의 비판이 팬데믹 이전에 모든 것은 '정상'이었다는 이야기로 들릴 수 있다는 점은 또 다른 맹점이다. 과연 그 '정상성'은 우리가 다시 복원해야 하는 것인가, 아니면 폐기해야 하는 것인가. 아감벤이 옹호하는 인권의 문제는 본질적으로 주어진 것이라기보다 지속적으로 쟁투를 통해 형성되어 가는 것에 가깝다. 유럽이 절대적 인권의 보편성을 즐겨 운위할 때에도, 유럽의 바깥이라고 부를 수 있는 지역에서 인권이라는 개념을 둘러싼 쟁투는 계속 벌어지고 있었다. 몇 년 전 발생한, 풍자 전문지《샤를리 에브도》에 대한 공격은 유럽인들이 자명한 것으로 여겼던 표현의 자유란 것이 실질적으로 목숨을 건 문제였다는 사실을 각인시켰다. 유럽이 아닌 곳에서 인간의 기본권에 대한 주장 자체가 불온시 당하고, 테러의 대상이 되었다는 것은 부정할 수 없는 역사적 사실이다. 유럽의 안정을 가능하게 만들었던 지정학적인 구조가 거대한 변동을 맞이할 수밖에 없다는 사실을《샤를리 에브도》테러는 보여주었다.

감시의 이중성

비슷한 맥락에서 아감벤의 주장에 대한 여러 반론이 있었는데, 슬라보예 지젝 역시 최근 출간한《팬데믹 패닉》에서 아감벤의 의견을 유럽 지식인의 주장에서 발견할 수 있는 "극단적 형태"로 묘파하고 있다(97). 왜 이런 주장을 하는지 지젝의 입장을 살펴볼 필요가 있다. 지젝은 아감벤과 전혀 다른 관점에서 팬데믹이 초래한 상황을 바라보고 있다는 점에서 같은 입장을 견지하지 않는다. 같은 사안에 대해 평행으로 놓인 시선이 지젝의 것이라고 할 수 있다. 아감벤이 인권의 붕괴를 목도한 지점에서 지젝은 협력의 가능성을 이끌어낸다. 다소 나이브하게 들릴 수 있는 이런 입장은 경험을 통한 실행의 과정이 없다면, 실질적으로 새로운 주체의 가능성도 없을 것이라는 사실을 강조하는 것이다. 지젝은 아감벤의 입장을 두고 유럽 좌파 사이에 만연해 있는 구태의연한 태도라고 일갈한다.

지젝이 보기에 아감벤의 우려는 바이러스의 확산과 인종주의적 관점을 통해 과장된 공포를 드러내는 것에 불과하다. 독일의 〈슈피겔〉이 코로나19를 지칭해서 "메이드 인 차이나"라고 한 것이나, 미국의 트럼프 대통령이 다분히 의도적으로 계속해서 "중국 바이러스"라고 부르는 행위는 유럽을 비롯한 서구 중심주의에 내재한 인종주의의 발현에 지나지 않는다. 이렇게 유럽의 증상이라고 할 수밖에 없는 낡은 대응은 바이러스의 위협이라는 실질적인 문제를 해결하지 못한다.

한마디로, 아감벤은 지금 벌어지고 있는 상황에 사로잡힌 나머지 가능성 있는 현실적인 대안을 제시하지 못하고 있다는 비판이다. 오히려 아감벤처럼 감시 체제에 쉽게 순종하는 대중을 비판하고, 국가권력의 남용을 지적하는 것 자체가 특권일 수도 있다. 지젝은 바이러스의 확산에 직면해서 숨 가쁘게 일선에서 뛰고 있는 의료진을 비롯한 자기희생적인 행동을 아감벤이 간과하고 있다고 지적한다. 이런 협력의 행동을 어떻게 볼 것인가. 지젝은 이런 협력의 과정에서 새로운 연대의 희망을 발견할 수 있다고 말한다.

이런 행동이 과연 개인의 자유를 박탈하고 있는가? 분명히 국가권력은 이를 통해 개인의 자유를 구속할 수 있는 핑계를 만들어낼 수 있을 것이다. 한국처럼, 투명한 개인 정보의 공개는 결과적으로 그 정보의 남용 가능성을 언제나 전제한다. 앞서 언급했듯이, 이런 위험은 팬데믹의 상황이 아니어도 항상 근대 국가 체제에서 상존해왔다. 팬데믹을 통한 이런 남용이 저항을 무기력하게 만들어서, 더욱 개인의 통제가 가속화할 것이라는 말은 사실상 현 상태를 더욱 강화하기 위해 국가권력이 사용될 것이라는 의미이다. 그러나 현 상태를 강화하는 것이야말로 국가권력의 목적이라는 점에서 이런 우려는 새로운 것이라고 말하기 어렵다. 지젝은 줄리언 어산지와 같은 존재는 바로 이런 정황을 증명하는 것이라고 말한다. 어산지는 그 국가권력으로 장악할 수 없는 누출을 상징한다.

아감벤이 상상하는 절대적인 국가권력은 존재할 수 없다. 빅브라더는 실재하는 것이 아니라, 우리가 요청하고 상상하는 이상적 이미지에 가깝다. 이번 팬데믹이 그 사실을 증명했다. 우리는 열심히 방역을 위해 개인 정보를 넘기지만, 그 모든 데이터를 일사불란하게 관리하는 빅브라더는 존재하지 않는다는 것이 다시 증명되었다. 개인 정보를 들여다보는 것과 그것을 활용하는 것은 서로 다른 문제이다. 이른바 매일 우리의 휴대폰을 울리는 "재난 문자"도 정보를 공개할 뿐이지, 그 정보에 따라 우리를 통제하진 못한다. 나는 이런 국가 시스템의 문제를 "기계 감시(mechanical surveillance)"에 내재한 자동성의 문제라고 생각한다. 우리는 이 자동성에 의지함으로써 마치 국가가 제대로 작동하고 있는 듯한 환상을 가진다. 그러나 이 기계는 자체의 논리와 법칙에 따라 자동적으로 움직일 뿐이다. 말하자면, 이 기계 감시의 파놉티콘에는 간수가 존재하지 않는다. 수감자들이 서로서로 개인 정보를 넘겨주고 넘겨받으면서 간수가 존재한다고 믿는 구조에 지나지 않는다. 이들에게 중요한 것은 기계 감시의 기능이 제대로 작동하는 것이다. 정보는 이 완전한 자동성의 구현을 지탱하는 연료라고 할 수 있다. 문제는 정보가 아니라, 그 정보를 해석하는 이데올로기이지만, 이 자동성의 강박은 그 이데올로기 자체를 비가시화한다. 말하자면, 이런 믿음의 구조를 해체하고 감시의 양가성을 통해 기득권 권력 계층을 통제하고자 도모하는 것이 기계 감시 시대의 정치 과제라고 할 수 있다.

한편, 지젝은 "공포 국가"의 도래를 염려하는 것에 그칠 것이 아니라, 오히려 이 상황에서 새롭게 조명 받아야 할 연대의 방식에 주목해야 함을 역설한다. 이 위기의 상황이야말로, 팬데믹의 최전선에서 싸우고 있는 이들이 국가권력을 무력화시킬 수 있는 계기이기도 한 것이다(98). 국가권력의 남용과 이런 문제는 서로 충돌하지 않는다. 국민은 국가에게 권력을 이용해서 문제를 해결할 것을 주문할 수 있다. 이 과정에서 우리는 국가권력의 통제 필요성을 깨닫게 될 것이라고 지젝은 판단한다. 이 지점에서 우리는 안전의 문제가 중요한 정치적 쟁점으로 부상했다는 사실을 확인할 수 있다. 게다가 이 안전과 국가의 문제는 유럽을 벗어난 아시아의 상황으로 오면 전혀 다른 맥락을 획득한다. 앞서 델리 전철의 사례에서 거론했듯이, 아시아 국가에서 "감시 카메라"는 빅브라더의 상징이라기보다, 안전의 표식이다. 많은 아시아 국가에서 "너는 감시 받고 있다."라는 말은 "너는 국가로부터 안전하게 보호받고 있다."는 의미로 읽힌다. 이 차이가 방역과 관련해서 완전히 다른 행동을 낳고 있는 것이다.

방역의 문제는 개인과 공동체의 대립 구도를 통해 이해하기 어렵다. 오히려 개인을 벗어난 새로운 연대의 가능성을 이 방역의 딜레마에서 모색할 수 있을 것이다. 우리의 삶이 과거의 정상 상태로 돌아갈 수 없다는 말은, 이 연대의 감각이 형성된다면 더는 우리가 과거의 정상을 정상으로 받아들이지 않을 것이라는 뜻이다. 나를 지키는 것이 방역이 아니라, 다른 이를 보호함으로써 나도 보호받을 수 있다는 새로운 삶의 규범이 오늘의 우리를 생존하게 만드는 동시에, 코로나19 이후의 세계를 지금과 다른 세상으로 만들 수 있다. 과거의 정상성을 더 이상 유지할 수 없다는 것은 옳은 판단이지만, 그렇다고 새로운 정상성의 출현을 도모하는 것은 고민해볼 문제이다. 무엇보다도 방역의 장기화는 삶의 방식을 강제로 바꿀 수밖에 없었다.

팬데믹과 글로벌 자본주의

가끔 소셜미디어가 띄워주는 작년 이맘때의 사진을 보면, 다른 생애의 것인 양 느껴지기도 한다. 인류 역사상 숱한 팬데믹의 상황이 있었지만, 2020년에 닥쳐온 이 경우는 전례없이 급속하고 장기적으로 이루어지고 있다는 점에서, 과거와 비교해서 상당히 다른 양상을 띤다고 할 수 있다. 전문가들에 따르면, 지금 확산하고 있는 코로나바이러스는 우한에서 최초 확인한 그 바이러스가 아니라, 전염을 통해 '자연선택'을 받은 새로운 종류라고 한다. 보카치오가 묘사한 페스트처럼 숙주인 인간을 순식간에 죽게 만들면 바이러스 자신의 증식에 불리하기 때문에 독성을 약화시키고 전염력을 강화하는 방향으로 진화했다는 것인데, 바이러스 역시 인간이라는 새로운 조건에 적응하고자 자기 변화를 꾀한 셈이다.

치명적이지 않다고 해서 이 바이러스가 문제없는 것은 아니다. 오히려 전염력을 강화한 바이러스는 개체의 치사율은 낮추어주겠지만, 전파의 속도가 빨라지고 범위가 넓어져서 환자 수를 급증하게 만들 수 있다. 갑자기 늘어난 환자들이 병원으로 몰려들 경우에 결과적으로 의료체계 마비를 초래해서 바이러스와 상관없는 다른 환자들의 생명까지도 위험하게 만들 수 있는 것이다. 독성이 강한 바이러스가 환자 개인의 문제라면 전염력이 강하게 바뀐 코로나바이러스는 국가 시스템 자체를 붕괴시키는 촉매제가 될 수 있다는 점에서 더 심각한 결과를 초래한다고 하겠다.

결국 바이러스 전염이라는 위험 앞에 놓인 개개인들이 공통적인 것을 얼마나 충실하게 사유할 수 있는지의 여부에 따라 집단의 운명이 판가름 난다고 할 수 있다. 개인의 이해관계만 챙기기에 급급하다면, 궁극적으로 공통의 기반을 파괴해서 공멸로 나아갈 것이라는 교훈을 이 신종 바이러스가 환기하고 있는 것이다. 이른바 '사회'나 '공동체'로 재현하는 그 무엇은 공통적인 것을 의미화한 것이라고 볼 수 있고, 자본주의는 이 공통적인 것을 이윤 추구의 재료로 사용한다. 마르크스가 노동의 사회성을 언급했을 때, 이 사회성의 뼈대를 이루는 것은 공통적인 것이다.

물과 공기, 더 나아가서 온라인으로 우리가 만들어내는 숱한 공감과 연대의 정념들 역시 공통적이다. 개인은 안전한 집에 앉아서 휴대폰 앱으로 배달 음식을 시키지만, 음식을 조리해서 배달하는 노동력은 쉽게 볼 수 없다. 그 숨겨진 메커니즘이 있기 때문에 한국은 강력한 격리조치 없이도 지금까지 급속한 국가 시스템의 붕괴를 저지할 수 있었다. 전례 없는 바이러스의 전파와 변이를 촉진한 것이 다름 아닌 전 지구적 단위로 촘촘하게 물류와 인적 이동 수단을 구축한 글로벌 자본주의 때문이었다면, 바이러스 확산에 대한 한국의 대응을 가능하게 만든 것 역시 발전한 통신기술에 기반을 둔 플랫폼 노동이었다는 사실은 의미심장하다. 결국 이 바이러스가 글로벌 자본주의를 종식시킬 것이라는 예측은 너무 편향된 관점이었을지도 모른다.

실제로 너도나도 자본주의의 종언을 운위했던 때가 2008년이었지만, 자본주의는 여전히 전 지구적인 생존력을 과시하고 있다. 그 이유는 글로벌 벨류체인(GVC)의 일부로 편입되어 있던 아시아 벨류체인이 중국을 중심으로 건재했기 때문이다. 미중 무역 분쟁으로 첨예화하고 있는 것처럼 보이는 이 아시아 벨류체인의 성장이 미국 중심으로 구축했던 글로벌 자본주의의 구도를 조정하고 있는 것은 분명한 사실이다. 그렇다고 미국이 몰락하고 중국이 부상해서 글로벌 자본주의의 패권을 장악할 것이라는 예측 역시 크게 설득력을 갖는다고 보기 어렵다. 마치 과거 소비에트 블록의 붕괴가 결과적으로 자본주의의 위기를 초래했던 것처럼, 미국의 약화는 80년대 이후 신자유주의의 바람을 타고 40년 넘게 안정적으로 유지되어왔던 현 체제의 붕괴를 의미할 수밖에 없다. 중국이 이런 위기를 타개할 새로운 전망을 가졌다고 볼 수 있을까? 오히려 중국은 대외적인 격동에 대응하기 위해 민족주의에 기초한 권위주의를 강화하는 양상을 보이고 있지 않은가?

백신의 개발로 이번 팬데믹의 상황을 해소하더라도, 이런 경향성은 더욱 강화되면 되었지 약해지지는 않을 것이다. 특히 타이완에 대한 미국의 정책 변화가 암시하듯이, 오히려 미국은 자신의 기반을 보전하기 위해서 신냉전의 구도를 밀어붙일 가능성이 크다. 결과적으로 어떤 국가의 정치인들도 팬데믹이 초래한 지금의 위기를 근본적인 혁신의 발판으로 삼을 생각이 없다는 점을 새삼 확인할 수 있다. 팬데믹을 둘러싸고 넘쳐나는 숱한 수사들은 글로벌 자본주의를 재편하기 위한 술수에 불과할지도 모른다. 바이러스가 불러온 이 상황은 바이오산업의 규제를 느슨하게 만들어서 글로벌 자본주의에게 새로운 시장을 제공할 것이다. 멜린다 쿠퍼가 《잉여로서의 생명(Life as Surplus)》에서 지적했듯이, 팬데믹과 같은 감염병의 전면화는 "자본주의적 섬망(capitalist delirium)"의 극대화를 유발해서, 지금까지 생명윤리적인 관점에서 금기시했던 지점들을 무화시킬 수 있다(Cooper, 20). 아감벤이 우려하는 것도 바로 이 문제일 것이다. 윤리적 관점을 벗어던진 고삐 풀린 "생명관리산업"은 생명정치의 극단을 의미하는 것일지도 모른다.

보카치오가 일찍이 목도한 것과 마찬가지로, 오늘날 21세기의 문명에서도 바이러스에 감염되었다는 이유만으로 이웃은 갑자기 오염물로 취급받고 어떤 '인간적인 절차'도 없이 매장되거나 화장되어버린다. 이 냉정한 위생학에 전율하면서 아감벤은 비인간적인 물질문명의 실체를 경고한 것이다. 그러나 앞서 밝혔듯이, 이런 비정한 현실을 '인간성 상실'로 읽어내는 것은 또 다른 편향일 수밖에 없다. 코로나19 팬데믹이 발생하기 이전에 우리가 누렸던 인류 문명이 과연 지금 벌어지고 있는 이 비인간적 상황과 무관한 것일까? 오히려 현재 노골적으로 드러나는 비인간적인 문명의 양상은 쿠퍼가 말하는 것처럼, 감춰져 있던 생명정치의 야만성에 지나지 않을 것이다. 팬데믹 이전에도 인간적인 것은 상상으로 존재했던 이상이었고 이 이상은 이미 글로벌 자본주의의 국면에서 심각하게 훼손되고 있었다. 우리는 아감벤의 비판에서 멈추지 말고 그 비판의 전제를 넘어서서 현재 벌어지고 있는 비인간성의 근원을 탐구해야 할 것이다.

무엇을 할 것인가

코로나19의 전파는 역설적으로 자본주의의 비인간성을 더 가속화하고 있는 것에 가깝다. 쿠퍼의 지적처럼, 신자유주의적 생명관리정치의 핵심은 생명활동의 모든 것을 계산 가능한 수치로 환원한다는 점에 있다. 국가의 생명관리정치와 달리 이 경우는 생명공학의 외피를 쓴 정치가 '객관적 지표'라는 만물의 척도로 자발적 복종을 이끌어내게 되는 것이다. 그러나 생명은 무한한 운동이라는 점에서 이 환원은 끊임없는 확장을 요구받는다. 말 그대로 이 생명의 잉여성을 자본의 운동과 결합시키는 것이 생명공학산업의 원리이지만 또한 그 과잉의 지점이 정치의 경로이기도 하다.

인지자본주의와 결합한 신자유주의의 생명정치를 넘어설 수 있는 관점은 아감벤의 비판만으로 부족하다. 코로나19는 인류에게 던져진 난해한 숙제라고 할 수 있다. 과연 개인의 이해관계를 추구하다가 공멸할 것인가, 아니면 함께 살아남기 위한 공생의 길을 모색할 것인가? 이 질문의 답은 너무도 빤하지만, 현실은 다소 암울하다. 세계보건기구의 쇠퇴는 인류애의 시민윤리를 강조했던 전후 체제의 쇠락을 의미하는 것이다. 형식적이나마 국제기구가 들어서서 담당했던 역할이 이제는 생명공학산업을 주도하는 민간기업과 재단으로 넘어가 있다. 백신을 개발하고, 전염병에 대처하는 국제적인 연대가 눈에 보이지 않는 것도 이 때문일 것이다. 언론의 포퓰리즘과 정치의 무능은 백신을 개발하는 민간기업이나 생명공학산업 투자자를 '선한 천사'로 그리고 있다. 그러나 이들은 문제의 해결이라기보다 또 다른 문제의 원인들이다.

분명한 사실은 이 팬데믹으로 인해 이전부터 내재했던 전후 체제의 균열은 더욱 심화할 것이고, 글로벌 자본주의는 새로운 국면을 맞이할 것이다. 이 국면에서 아시아 자본주의는 과거와 다른 위상을 가지게 될 것이다. 마르크스가 여러 생산양식 중 하나로서 거론했던 아시아적 생산양식이 사실상 글로벌 자본주의의 본질이 되었다.[04] 이 새로운 위상이 긍정적인 결과로 이어

04 "아시아적 생산양식"에 대한 흥미로운 논의는 황호덕의 다음 논문을 참고할 것. HoDuk Hwang, "Asiatic Mode of Production as Method: The Discourse of Democracy and Modernity in Korea", 2018. ojs.zrc-sazu.si/filozofski-vestnik/issue/view/631 (마지막 접속 2021. 04. 19.)

질 것이라는 낙관은 금물이다. 다만 이 변화가 무엇을 의미하는지 심사숙고할 필요가 있다. 팬데믹의 상황에 대처하는 우리의 역량이 곧 그 바뀐 위상에 대한 대응을 낳을 것임은 자명하다고 생각한다. 지금 여기에서 취하는 우리의 상상과 행동이 우리의 미래를 결정할 것이다.

슬라보예 지젝, 강우성 옮김, 《팬데믹 패닉: 코로나19는 세계를 어떻게 뒤흔들었는가》, 북하우스, 2020.

조반니 보카치오, 박상진 옮김, 《데카메론》, 민음사, 2012.

Cooper, Melinda. *Life as Surplus: Biotechnology and Capitalism in the Neoliberal Era*. Seattle: University of Washington Press, 2008.

암흑의 응시와 몰락의 윤리
코로나 이후의 오늘, 글로벌과 로컬

김동현

모든 것이 변했다. 학교는 물론이고, 일상의 모습도 이전과 달라졌다. 촘촘히 짜인 초연결의 시대는 역설적으로 대유행의 확산을 재촉했다. 코로나바이러스 집단 감염에 대한 우려는 특정 지역만의 문제가 아니다. 치사율은 낮지만, 전염력은 강한 이 바이러스의 특성은 지구적 차원의 대응을 필요로 한다. 모두의 문제이며, 모두의 오늘인, 그것이 '팬데믹'의 현실이다.

팬데믹 이후

대유행 시대를 진단하면서 누군가는 지구의 역습이라고 말한다. 새로운 인수공통감염병의 등장과 수많은 변이의 탄생은 멈출 줄 모르는 인간의 탐욕이 이유라고도 한다. 그 증거로 코로나19 이후 오히려 놀라울 정도의 생태 복원력을 보여준 자연의 모습을 든다. 바이러스의 대유행 이후는 어떻게 될까? 언론과 수많은 전문가가 다양한 분석을 내놓고 있다. '언택트'니 '위드 코로나'니 하는 말이 쏟아져나온다. 중구난방처럼 보이지만 그 방향은 하나다.

'지금과 다른 삶이 필요하다.'

팬데믹 이전의 삶으로 되돌아갈 수 없다는 말의 의미는 무엇인가. 단순히 마스크가 일상이 되어버리고, 일상의 영역에서 비대면 접촉이 늘어나고, 재택근무가 당연시되는, 그런 변화만을 말하는 것인가. 팬데믹 이후의 삶이 그 정도일 뿐이라면 지금 우리가 느끼는 불안의 정체는 과연 무엇인가. '전대미문'이라는 상투적 수사 앞에서 우리는 무엇을 해야 하는가. 섣부른 진단이 넘치는 지금 우리는 어떤 내일을 상상해야 할 것인가. 질문은 그치지 않고 해답은 선뜻 떠오르지 않는다. 누군가는 미래를 낙관하지만, 누군가는 대책 없는 예측을 질책하기도 한다. 모두가 내일을 말하지만, 내일의 시간을 정확히 아는 이는 없다. 지금 말하는 전망들이란, 그저 성급한 희망의 언어인지도 모른다. 그런 점에서 희망을 말하기보다는 몰락을 상상하는 것이 오늘을 대면하는 올바른 자세일지도 모른다. 어쩌면 우리는 함께 망해가는 중이 아닐까?

몰락의 시대

되돌리기에는 너무 늦었다. 2019년 '어떻게 감히 희망을 말하고 있는가'라며 기성세대를 겨냥했던 그레타 툰베리의 외침처럼 우리에게 필요한 것은 희망이 아니라 고백이다. 지금에 대한 철저한 반성. 지금을 만들어버린 책임에 대한 통렬한 자각. 스웨덴 소녀의 연설은 행동하지 않은 채 희망을 말하는 자들을 향한 일침이었다. 백신이 개발되고 대유행의 시대가 진정되면, 우리는 일상을 되찾을 수 있을까? 아니 우리의 일상이 계속될 수 있을까? 지속가능한 미래를 만들어야 한다는 말은 참담한 내일을 외면하는 유예나 도피는 아닐까? 팬데믹 이전의 삶이 더는 계속되지 않고, 내일의 삶이 계속되리라는 보장도 없는 게 솔직한 오늘의 모습이지 않을까?

막연한 불안을 조장하는 게 아니다. 엄연한 현실을 외면하지 말자는 말이다. 내일은 없다. 오늘은 계속되지만, 오늘과 같은 내일은 오지 않는다. 우리는 모두 내일의 몰락을 향해 한 걸음씩 나아가는 중이다.

삶은 계속될 것이다. 마스크가 일상이 되어버린 시대, 해외여행도, 목청 높이 외쳤던 응원과 함성으로 가득 찼던 경기장도, 땀내 나도록 뛰놀던 학교 운동장도 잃어버린 지금을, 오랜 시간이 지난 뒤에도 우리는 기억할 것이다. 오늘을 기억할 단 한 사람이 남아 있을 때까지.

진단은 넘치고, 전망은 분분하다. 두려움 때문이다. 아무도

가보지 않던 길을 가야 하기 때문이다. 알 수 없기에 무섭고, 가보지 않았기에 머뭇거린다.

그런데도,

어김없이 일상은 계속될 것이다. 언젠가 되돌아올 수 없는 절벽 앞에 함께 서더라도 지금은 우리 앞에 놓인 길을 걷지 않을 도리가 없다. 매일의 시간 속에서 우리는 개별의 삶을 사는 동시에 모두의 내일을 살아가야 하기 때문이다.

그런데도,

오늘의 불안은 여전하다. 어디로 가야 하는지, 어디에서 멈춰야 할지 알 수 없다. 분명한 것은 어제는 다시 오지 않는다는 사실이다. 불가역성이 유일한 앎이 되어버린 때, 우리는 무엇을 할 수 있을까. 아니, 무엇을 하지 않아야 하는가.

몰락의 윤리

어쩌면 지금 우리에게 필요한 것은 몰락의 윤리이다. 섣부른 미래에 대한 전망도 재빠른 변신도 아닌, 망해가는 자의 태도. 우리가 지금 물어야 하는 것은 바로 이런 것이다. 예언은 오히려 쉽다. 알 수 없는 내일의 약속은 언제나 오늘의 시간에서 말해지기 때문이다. 그렇게 말해지는 전망이란 방관이거나 허무의 다른 이름이다. 어쩌면 우리의 내일은, 망해가는 자의 언어로 겨우 만들어지는 오늘인지도 모른다.

따지고 보면 윤리의 문제는 인류 지성사의 오래된 주제였다. 아리스토텔레스의 《니코마코스 윤리학》을 비롯해서, 수많은 학자가 윤리의 문제를 거론해왔다. 최근 사회문제가 되는 혐오에 대한 성찰 역시, 윤리의 문제로 귀결된다. 거칠게 말하자면 윤리는 사회, 인간, 자연과의 관계에 대한 성찰이며 '사이(間)'의 탐구다. 그것은 '나'라는 개인이 '너'라는 타자를 어떻게 만날 것인가를 묻는 질문인 동시에 '나'와 '너'가 어떻게 관계를 맺을 것인가를 살피는 모색이었다. '나'로 태어나 '나'로 죽을 수밖에 없는 개별의 존재들이 타자를 만나고 관계를 맺는 방식에 관한 성찰이었다. 사이(間)의 방식을 묻는 것이 윤리라면 몰락의 윤리는 과연 무엇인가.

몇 년 전 인기를 끈 〈미스터 션샤인〉이라는 드라마는 구한말 열강의 각축에 저항하는 의병을 다뤄 화제가 되었다. 노비였던 유진이 미군이 되어 자신을 버린 조선에 돌아오고 망국에 저항하는 의병의 편에 선다는 판타지 같은 이야기였다. 이병헌과 김태리를 비롯한 출연진의 면면, 드라마 제작 관행을 깬 파격적인 제작비 등도 화제가 되었다. 미군인 유진 초이(이병헌 분)는 고애신(김태리 분)에게 이렇게 말한다. "좀 더 더디 망하는 쪽에 설까 하오."

사랑은 어느 편에 설지 선택하는 일이다. 새드엔딩이 예정되어 있더라도 기꺼이 함께 무너지는 것, 비극은 결말을 함께 맞는 자들의 몫이었다. 조선은 스스로 지킬 힘이 없는 망해가는 나라였다. 망국을 막아보려는 애신 일행의 분투는 실패가 예정된 싸움이었다. 그런데도 유진은 파국의 미래를 함께하려 한다. 망하더라도 당장은 아닌, 지연된 파멸을 생산하는 쪽에 서고자 한다. 유진의 선택은 맹목인가, 희망인가. 어느 쪽이든 분명한 것은 선택하는 순간, 내일은 다른 시간으로 달려간다.

"좀 더 더디 망하는 쪽에 설까 하오." 유진의 고백 이후 유진과 애신의 시간은 섞인다. 미군 병사의 시간은 부잣집 애기씨이자 비밀 의병 대원이던 애신의 시간으로 스며들고, 애신의 시간은 유진의 시간으로 흘러든다. 조선에서의 복무를 마치면 그만이었던 낯선 이방의 사내와 무모하지만 마땅한 저항을 선택했던 의병 애신. 두 사람의 우연한 만남이 없었다면 그들의 미래는 쉽게 예상 가능했을 것이다. 두 사람의 선택으로 분명했던 미래가 흔들리기 시작했다. 불과 얼마 전까지 자명했던 시간이 혼돈과 무지, 예측 불가능의 암흑이 되고 말았다.

기꺼이 함께 무너지는 쪽에 섰던 유진의 선택이 사랑의 윤리라면, 그건 새로운 시간을 만들어내는 생성이자, 어제의 시간을 지우는 망각이다. 불안은 영혼을 잠식하는 것이 아니다. 불안이 영혼을 만들어낸다. 내일을 알 수 없어서 힘든 것이 아니다. 오늘을 지울 수 없기에 괴로운 것이다. 몰락의 시대에 윤리가 필요한 이유도 여기에 있다.

선부른 미래가 아니라 지나온 길을 응시해야 한다. 니체가 《도덕의 계보학》에서 긍정적 망각의 필요성을 이야기했듯이 오늘의 시간을 잊어야 오늘과 다른 내일이 생산된다. 윤리는 단순히 선악의 문제가 아니다. 그것은 약속이자, 창조이며, 새로운 법의 창안이다. 오늘을 잊고, 지금을 지우고, 지나온 길을 버려야 내일의 시간이 만들어진다. 유진과 애신이 서로의 시간으로 섞이는 선택을 하지 않았다면 그들의 내일은 만들어지지 않았다. 사랑의 윤리는 오늘의 나를 잊고, 내일의 우리를 생산하는 창조다.

파괴와 망각의 망치로

'뉴딜'이니 '위드 코로나'니 하는 말이 유행이다. 언택트의 시대라며 강의는 물론이고, 공연예술도 온라인 플랫폼으로 달려간다. 유튜브 접속은 폭발적으로 늘어나고 넷플릭스를 비롯한 OTT(Over The Top Service) 산업은 호황이다. 문화부는 '코로나 일상 속 지속가능한 예술생태계를 만들겠다.'면서 비대면 예술 지원 계획도 밝혔다. 문화만이 아니다. 정부 부처들이 내놓은 대책도 크게 다르지 않다. 백신 접종 초기인 지금, 최우선의 방역 대책이 밀폐된 공간에서 밀접한 접촉을 하지 않는 것이니 이해되지 않는 것도 아니다.

비대면, 재택, 온라인. 선택지는 많지 않다. 다가올 시간은 지나온 시간과는 전혀 다를 것이다. 팬데믹의 원인과 이후의 삶에 대해서 전문가들이 한마디씩 이야기를 보태고 있다. 분분한 논의 속에서 모두가 지적하는 건 하나다. 인간이 지구의 생존을 위협하고 있다는 점이다. 한나 아렌트가 《인간의 조건》에서 말했듯이 인간에게 '지구'는 생존을 위한 기본적인 조건이다. 그동안 우리는 '지구'라는 조건이 늘, 항상, 여전할 것이라고 착각했다. 그 오해의 대가를 동시대를 사는 우리가 겪고 있는지도 모른다. 원인은 단순하다. 원인이 단순하니 결론도 분명하다. 그렇게 살지 않으면 된다. 지나온 삶을 잊어버리면 된다. 이제 욕망을 생산하는 시스템을 버려야 한다. 문제는 망각이 쉽지 않다는 데 있다. 더 많이 생산하고, 더 많이 소비하고, 더 많이 욕망하는 삶을 그만둘 수가 없다. 개인의 문제만이 아니다.

슬라보예 지젝은 《팬데믹 패닉》에서 단호하게 협력과 연대의 지구공동체가 필요하다고 강조한다. 그는 바이러스의 위협에서 벗어나는 길이 과학과 의학에 있다고 보지 않는다. 바이러스가 상수가 되어버린 시대에도, 우리의 삶이 계속되려면 무엇이 필요하다는 것인가. 지젝은 그 질문에 대한 답으로 새로운 정치, 새로운 혁명의 필요성을 이야기한다.

바이러스가 창궐하는 전 지구적 위협 앞에서 지젝의 고군분투가 마뜩잖을 수 있다. 백신이 개발되기만 하면 바이러스의 위험 따위는 쉽게 극복할 수 있으리라는 낙관도 있다. 하지만 백신이 개발된다고 하더라도 코로나19의 일상을 살아야 한다는 지적도 있다. 독감처럼, 관리 가능한 코로나 일상이 우리의 미래라는 예측이다. 지젝의 말처럼 '협력과 연대의 새로운 정치

공동체'가 필요하다면, 그것은 누구의 몫인가. 모두의 몫이라고 말하지 말자. 모두의 몫은 누구도 책임지지 않겠다는 말이나 마찬가지다.

그렇다면 우리는 무엇을 해야 하는가. 우리는 어떤 미래를 만들어야 하는가. 섣부른 예측을 할 것이 아니라 오늘날의 꼬락서니를 보자. 무엇이 보이는가. 희망인가, 절망인가, 아니면 파국인가. 지금 우리에게 필요한 것은 거짓 선지자의 예언이 아니다. 오늘을 만든 우리의 걸음을 부수는 파괴, 오늘의 욕망을 잊어버리는 창조적 망각. 니체가 그랬듯이 파괴와 망각의 망치로 오늘을 부수어버릴 수 있을 것인가. 질문은 타인에게 던지는 투창이 아니라 자신에게 향하는 비수여야 한다. 우리에게 필요한 것은 섣부른 예언이 아니라 오늘과 싸우는 더 많은 몸부림이다.

'글로벌'에 담긴 열패감

과거 김영삼 정부가 '세계화'를 내세운 이후, 세계화는 거스를 수 없는 대세였다. 세계화가 무엇인지, 무엇이 세계화인지, 목적인지 수단인지, 과제인지 전략인지 분간할 수는 없었다. '어쨌든 세계화'와 '닥치고 세계화'의 무분별과 맹종. 그것의 원인이자 결과가 '글로벌'이었다. 글로벌에 대한 반성적 모색도 적지 않았다. 글로컬(glocal) 담론도 그중 하나였다. 맹종이 아니라 지역에 기반한 세계화가 필요하다는 지적도 나왔다. 국가 차원의 경쟁이 아니라 지역을 중심에 둔 연대와 협력의 상상을 말하기도 했다.

글로벌을 지향하든 글로컬을 말하든, 이러한 담론의 무의식에는 보편과 특수, 거슬러 올라가면 문명과 야만의 대립과 긴장이 담겨 있다. 김영삼 전 대통령은 "개화기 실패를 되풀이할 수 없다."면서, '세계중심국가'를 위한 과제로 세계화를 선언했다. 1995년의 일이었다. '세계중심국가'라는 표현에서 알 수 있듯이 세계화는 변방 콤플렉스와 보편이 되고자 하는 욕망이 뒤섞인 호명이었다. 대한민국의 오래된 인정 욕망의 변형이 '세계화'라는 발화로 나타난 것이다.

돌이켜보면 이러한 인정 욕망을 보여준 문제적 인물은 이광수였다. '민족개조론'(1921년)에 대한 다양한 독법은 이광수의 문제성을 한국문학 나아가 한국 사회가 어떻게 받아들이고 있는지를 잘 보여준다. '한국문학사의 스캔들' 이광수. 그가 '민족개조론'에서 주장한 논의를 한마디로 요약하는 일은 쉽지 않다. 이광수를 읽어가는 독해의 욕망이 저마다 다르기 때문이다. 하지만 '민족개조론'의 저변에 문명과 야만, 보편에의 욕망이 담겨 있다는 데에는 대체로 동의한다.

이광수가 '민족'이라고 명명할 때 그것은 '조선'을 근대적인 민족으로 규정하겠다는 자기규정이자, '조선'을 근대의 일원으로 인정해달라는 인정 욕망이기도 했다. (2000년대 한국 지성사에서 촉발된 '민족주의 논쟁'은 잠시 잊자.) 이광수가 '민족 개조'를 이야기할 때 개조의 대상과 개조의 목표가 무엇이었는지를 확인하는 일은 어렵지 않다. 그것은 근대에 대한 열망이자, 문명에 대한 기대였다. 이광수의 소명은 미개한 조선을 근대의 자리로 이식하는 일이었고, 그러한 소명을 위해 친일 협력의 자기합리화가 가능했다.

비단 이광수만이 아니었다. 식민지 시기 '이등국민'이라는 차별의 언어 속에서 열등감과 열패감을 극복하기 위한 자기 극복의 열망은 보편, 즉 힘에 대한 갈망으로 이어졌다. '이광수'는 식민지 시기를 살아간 한 사람의 개인이 아니었다. '이광수'는 식민의 상처를 안고 살아가야 했던 한국 사회의 집단무의식을 상징한다. 일본에서 미국으로, 글로벌이라는 이름으로, 보편의 자리를 누가 차지했는가만 달라졌을 뿐, 보편을 지향하는 욕망의 방식은 달라지지 않았다. 세계 중심국가(보편)에 대한 욕망과 아직은 세계 중심국가가 아니라는 열등감, 정체를 알 수 없는 열패감이 바로 '세계 중심국가'라는 명명이었다.

OECD에 가입하고 세계 7위의 경제 규모임에도 여전히 우리 사회를 지배하는 이데올로기가 이른바 선진국 담론이다. 식민지 시기 '이등국민'이라는 열패감이 선진국 담론으로 치환되었다. (K-방역의 성공 이후 이러한 열패감에 대한 반성적 성찰이 확산되고 있다는 점은 대단히 역설적이다.) 오랫동안 우리 사회의 무의식을 형성해왔던 열등감의 표현이 '글로벌'의 이면에 짙게 깔려 있다. 그것은 보편과 특수의 결정권자가 누구인지 사유하지 않았던 맹목과 추종의 흔적이다. 글로벌이든 글로컬이든 지향점은 같다. 방식의 차이만 있을 뿐 '글로벌'을 우리가 이뤄내야 할 과제로 바라보는 점은 동일하다.

코로나19 사태 이후 우리는 '글로벌'의 민낯을 보았다. 그것은 연대와 협력의 연결이 아니었다. 지역, 혹은 한 나라가 감당해야 할 위험을 '글로벌'이라는 이름으로 외주화하는 손쉬운 회피였다. 쓰레기는 '수출'되고, 노동은 '은폐'되었다. 나이키와 애플, 구글과 삼성이 서로의 노하우를 빠르게 배워갔다. 착취의 세계화이자 차별의 글로벌이었다. 우리가 밟고 선 카펫이, 우리가 마시는 커피가, 우리가 입는 외투가, 착취의 증거였고, 외면의 현재였다. 방글라데시와 미얀마, 필리핀, 동남아시아의 값싼 노동이 아니었다면 존재할 수 없는 현실이었다. 그 매끈한 자본의 세계 속에서 우리는 국민의 권리를 선택하고 소비하며 마땅히 보호받아야 할 의무를 누리고만 있었다. 시민은 사라지고 소비의 욕망만 가득한 세상. 그것이 우리가 살아온 '글로벌'의 실체였다.

암흑의 응시

코로나바이러스가 아니었다면 우리는 오늘에 만족했을 것이다. 재앙의 역설이다. 바이러스가 아니었다면 우리가 서 있는 곳이 어디인지 바라보지 않았을 것이다. 다행스럽게도, 우리는 암흑을 보기 시작했다. 암흑의 응시는 암흑의 내면에 익숙해지는 일이 아니다. 그것은 어둠에 적응하는 것이 아니라 어둠을 극복하는 응시다. 캄캄한 어둠 속에서 어떤 전망도, 희망도 없이, 오로지 절망의 힘으로 오늘의 밑바닥으로 내려가는 일이다. 그 어둠의 바닥을 더듬고 더듬어 우리의 몸과 손이 새로운 눈이 될 때까지 버티고, 버티는 일이다. 견딤의 과정 없이 만들어지는 낙관은 쉽게 바스러지는 낙엽과도 같다.

오래전 마르크스는 이렇게 썼다. "네가 사랑을 하면서도 되돌아오는 사랑을 불러일으키지 못한다면, 즉 사랑으로서의 너의 사랑이 되돌아오는 사랑을 생산하지 못한다면, 네가 사랑하는 인간으로서의 너의 생활 표현을 통해서 너를 사랑받는 인간으로 만들지 못한다면 너의 사랑은 무력하며 하나의 불행이다."(《경제학 · 철학 초고》(1844)) 사랑이 되돌아오는 사랑을 생산해내지 못한다면, 사랑이 새로운 인간을 생성하는 힘이 아니라면 사랑은 무기력한 불행일 뿐이다. 우리가 대면해야 할 암흑 역시 마찬가지다. 반복되는 암흑을 피하지 않기 위해서라도, 새로운 몸이 되어가는 과정으로서의 암흑을 만나기 위해서라도, 우리의 오늘은 암흑을 기꺼이 수락해야만 한다.

희망이라는 과정

희망은 없다. 희망은 결과가 아니다. 우연한 결과를 희망이라고 부를 뿐이다. 코로나19 이후, 우리는 어떤 삶을 살 수 있을 것인가. 알 수 없다. 오지 않은 삶을 이야기하기보다는 지나온 삶을 되돌아보는 것이 필요하다.

코로나 이후 많은 사람이 우리의 삶이 지속 가능할지 묻는다. 바이러스의 역습이 지구를 배신한 대가라면 어제의 삶은 이제 더는 불가능하다. 분명한 것은 우리가 살아온 어제의 삶이 "제힘으로 돌아가는 바퀴"가 아니라는 점이다. '제힘으로 돌아가는 바퀴'라는 표현은 니체가 한 말이다. 니체는 정신의 변화에 대해서 낙타가 사자가 되고, 사자가 다시 아이가 되는 과정으로 설명한다. 대지에 결박된 정신의 자유로움을 아이의 상태에 비유하면서 니체는 "순진무구요, 망각이며, 새로운 시작, 놀이. 제힘으로 돌아가는 바퀴이며, 최초의 운동이자 신성한 긍정"이라고 표현한다. 니체에 의하면 자유란 모든 속박으로부터 벗어난 결과가 아니다. 스스로의 힘으로 움직이는 무한한 생성이자, 끊임없는 과정의 연속이다. 자유가 결과가 아니라, 과정이듯이, 우리가 기대해야 할 희망도, 낙관도 과정의 산물이다. 막연한 결과가 아니라, 끊임없는 내일을 만들어가는 과정이 지금 필요한지 모른다.

다시, 로컬, 공동

글로벌로 지어진 성채를 어떻게 부술 것인가. 창조를 위한 파괴를 어떻게 감행할 것인가. 해답은 오히려 가까운 곳에 있는

지 모른다. 글로벌 지향의 정체가 보편이 되고 싶은 열패감과 인정 욕망이었다면 이제는 로컬을 다시, 바라봐야 할 때다. 한동안 유행했던 로컬 담론은 서울중심주의를 타개하기 위한 지적 모색의 일환이었다. 숱하게 쏟아졌던 로컬 담론도 우리 사회에 뿌리박힌 서울중심주의를 무너뜨리지 못했다. 하지만 무수히 던져진 '짱돌'의 잔해는 여전히 남아 있다. 다시 손에 맞춤한 돌을 고를 때다.

어제 던졌던 '짱돌'이 서울을 무너뜨리기 위한 도전이었다면, 오늘 우리의 손에 들려진 돌은 지금 우리의 삶을 만들기 위한 시도들이다. 서울이 무너지지 않는다면 우리는 새로운 동네를 만들어가면 된다. 서울이 되고 싶은 욕망이 아니라, 새로운 삶의 대지에서 돌담을 쌓아가면 될 일이다. 우리의 동네를, 우리의 손으로 만들어가기 위해 다시 돌을 들자. 우리의 삶이 단단히 뿌리박은 동네의 상상력으로, 베드 타운이 되어버린 아파트 단지에서, 함께할 우리를 찾아 나서는 모험과, 공동의 힘으로 오늘을 함께 견뎌낼 우정의 향연, 그 왁자지껄의 난장을 펼쳐보자.

사랑의 윤리가 함께 무너지는 시간을, 우리라는 이름으로 기꺼이 감수하는 일이라면, 이제 잊혔던 우리를 찾아 나설 시간이다. 로컬과 공동(共同), 코로나 이후 동네에서 소소한 동행을 감행하는 작은 실험들이 늘어나는 것이 그 작은 시작이다. 연결이 아닌 동행의 시도들이 우리의 내일이 될 수 있을지 알 수 없다.

하지만 그 우연한 접속의 과정이 지금과 다른 미래를 만들어갈 것이다.

글로벌의 벽돌로 지어진 장벽은 높고 단단해 보였다. 하지만 장벽은 실체 없는 공포였다. 세계화라는 벽돌로 세웠던 장벽 이전의 세계를 우리는 충분히 상상할 수 있다. 그렇게 살아왔고 그렇게 살아갈 수 있을 것이다. 허상을 부수고, 다시 대지로 돌아와야 할 때, 우리가 딛고 설 땅은 멀리 있지 않다. 지금은 우리의 손에 돌과 망치를 들 때다.

오늘의 길은 안개에 가득하고, 내일의 시간은 알 수 없다. 가야 할 길이 보이지 않을 때야 비로소 지나온 길이 보인다. 땅에 새겨진 발자국들만이 우리의 흔적이다. 시간의 자취를 뒤지는 것은 앞이 보이지 않기 때문이 아니다. 걸어온 길이 걸어가야 할 길로 이어져 있기 때문이다. 내가 지나온 길이 우리라는 이름으로 함께 뻗어갈 것을 믿기 때문이다. 그런데도, 삶은 계속되어야만 하기 때문이다.

슬라보예 지젝, 강우성 옮김, 《팬데믹 패닉》, 북하우스, 2020.

아리스토텔레스, 천병희 옮김, 《니코마코스 윤리학》, 도서출판 숲, 2013.

카를 마르크스, 김문현 엮음, 《경제학 · 철학 초고/자본론/공산당선언/철학의 빈곤》, 동서문화사, 2008.

프리드리히 니체, 홍성광 옮김, 《도덕의 계보학》, 연암서가, 2020.

한나 아렌트, 이진우 옮김, 《인간의 조건》, 한길사, 2019.

위기의 시대, 인문학의 나아갈 길
펠릭스 가타리를 중심으로

신명아

코로나바이러스의 시기를 맞이하기 전부터 우리는 인간과 지구 생명체가 처한 다양한 문제를 '기후변화의 위기'라는 주제로 논의해왔다. 지구온난화로 북극의 빙하가 녹으면서 남태평양의 투발루 지역은 침몰하고 있다. 저지대 방글라데시 해안 지역도 비슷한 상황에 직면해 있다. 심지어 경제 대국인 미국 일부 지역 사람들도 바닷물의 침투로 정든 집을 떠나야 할 정도로 생활 터전을 잃을 위기에 처해 있다.

위기의 시대에 대한 경고는 이미 오래전부터 이어져왔다. 1949년에는 생물학자 알도 레오폴드는 황무지 보존을 외치면서 자연과 야생 생태계 보존을 강조하는 "대지 윤리(land ethics)"를 주창했다. 1962년도 레이첼 카슨은 《침묵의 봄》을 통해 과학기술로 만든 살충제가 미국 온 전역에 퍼져 많은 생물이 죽고 다음 봄에는 새들이 울지도 않을 침묵의 봄이 오지 않을까 염려했다. 책에는 성실하게 환자를 돌보던 한 미국인 의사가 정원을 열심히 관리하다가 살충제의 부작용으로 죽음을 맞이하는 내용이 나온다. 이 책의 여파로 미국 정부는 환경보존 기구(Environmental Protection Agency)를 출범하고 환경오염에 관심을 기울이기 시작하였다. 과학자들은 《침묵의 봄》 이후 환경문제에 대한 과학적 접근에 많은 진전이 있었음을 인정하면서도 오래된 책으로 여기며 그 중요성을 묵과하기도 한다. 그러나 책 출간 이후인 1960년대 과학자들은 성장 위주의 소위 '기후자본주의(climate capitalism)'가 환경에 미치는 위험을 지적했고, 1970년대부터는 '성장 제한'의 필요성을 인식하게 되었다. 특히 1980년대에는 오존층 파괴의 위험이 가중되면서 세계의 지도자들이 '1987 몬트리올 의정서'를 채택하기에 이른다. 이는 지구환경의 위험에 대한 공통의 인식이 있었기에 가능했다. 그 인식이란 탄소배출을 줄이지 않는 한 절체절명의 위기인 3도 혹은 4도의 온도 상승으로, 공룡을 멸종시킨 5차 대멸종에 이어 인류가 6차 대멸종을 경험할 가공할 만한 위험에 처해 있다는 사실이다. 이에 2015년 파리 유엔기후변화협약(UNFCCC)에서 세계의 지도자들은 다시 온난화 온도를 1.5도로 제한하기로 결의하기에 이른다.

일부 과학자들은 이 협약이 지켜지지 않았으며 이런 성장과 개발 속도로는 실현 불가능한 목표치라고 주장하기도 한다. 새로운 위험에 직면하여 새로운 생활 자세와 대처법을 모색해야 한다는 것이다. 하지만 생활 자세 등은 개인에 호소하는 차원이고, 소극적 차원의 변화로 인류 위기가 극복되기는 힘들다. 따라서 여러 과학자와 인문사회학자는 인류가 초래한 위기의 해결을 논의하면서, 인류세(Anthropocene)의 위기를 벗어날 대안을 과학적으로 모색할 것을 강조한다.

위기의 시대와 인류세

인류세라는 명칭은 파울 크뤼첸과 유진 스토머가 처음 사용했다. 인간 문명이 플라스틱 등 이 시대의 산물로 새로운 지질층을 형성할 것이므로, 인류에 의해 환경의 큰 변화를 맞이한다는 뜻에서 인류세라는 용어를 사용한 것이다. 이 용어에도 문제점은 있다. 지나치게 포괄적이라서 기후변화 주범인 탄소배출을 유발한 화석연료와 거리가 먼 저개발국가의 가난한 사람들까지 뭉뚱그려 책임을 지우게 한다는 점이다. 그래서 한편에서는 자본을 위해 가장 화석연료를 무차별적으로 써대는 자본주의 체제에서 문명적 혜택을 누리던 이들의 잘못을 극명히 드러낼 수 있는 '자본세(capitalocene)'를 제안하거나, 일부 페미니스트는 경제활동을 핵심적으로 이끌어온 남성들의 세기를 의미하는 '남류세(Manthropocene)'로도 명명한다.

이처럼 인류세가 미래의 지질 현상을 잘 대변하는 것은 아니지만, 과학자들은 이 명칭의 현실성과 과학적 근거에 무게를 두기보다 자신은 물론 온 지구 생태계를 파멸로 이끌지 모를 인간 문명에 대한 성찰과 앞으로의 나아가야 할 방향의 모색을 위해 이 명칭을 쓴다. 인류세의 시작에 대해서도 인류가 농경생활을 시작할 때부터라든지, 1784년 제임스 와트가 증기기관을 발명하고 산업혁명이 시작된 후라든지 하는 서로 다른 견해가 있다. 일부 과학자와 인문사회학자는 핵폭탄이 터진 1945년 이후부터 점차 과학적으로 가속된 기술사회적 발전을 통칭하는 대가속화(Great Acceleration)를 인류세의 시작 시점으로 보면서, 이 이후 인간 기술문명과 자연의 관계, 인간과 다른 종들의 관계, 지구생태계의 지속가능성 등을 깊게 성찰한다.

일부 학자들은 기술문명을 탄생시킨 이성과 과학의 힘으로 인간이 초래한 위험과 문제를 해결해갈 수 있다는 믿음에서 '좋은 인류세'라는 낙관론을 펼치기도 한다. '좋은 인류세'를 강조하는 학자들은 기후문제도 지구공학(geoengineering)을 통해 대처할 수 있다는 생태근대주의(ecomodernism)를 주창함으로써 인간중심주의를 고수한다. 생태근대주의자들은 자연적 생물체로부터만 단백질을 취하지 않고 유전적으로 변형된 효소를 통한 '소로부터 자유로운 단백질(cow-free protein)'과 탄소배출 제로인 원자력발전을 주창한다. 또한 지구온난화를 막기 위해 대기권 상층에 황산염을 연무 형태로 쏘아 올리는 방법을 고안하기도 한다. 하지만 이러한 대안은 현재의 문제를 교정하려다 영구화할 위험을 감수해야 하는 발상이다.

가장 문제되는 것은 생태근대주의 같은 실용주의적 접근 태도가 아니라 경제적 발전에 저해가 되는 기후위기를 아예 부정하는 생태문제 부정주의이다. 2017년 미국 대통령이던 도널드 트럼프는 전 세계의 지도자들이 합의한 2015년 파리협정을 거부했다. 트럼프가 "나는 파리가 아니라, 피츠버그의 시민을 대표하라고 선출되었다."면서 협정을 탈퇴했지만, 이는 문맥을 읽지 못하면서 행동하고 말하는 어린아이 같은 행동을 연상시킨다. 미국 피츠버그의 시장인 페두토는 적극적인 기후협약 지지자로, 트럼프의 발언에 "피츠버그는 세계와 함께 서 있으며 파리협정의 가이드라인을 따르겠다."라고 응수했기 때문이다.

인류세의 위기는 이러한 유아적인 혹은 적을 피해 머리만 파묻는 타조의 대처법, 즉 생태위기 거부(denial)로는 대처할 수 없다. 위기는 생태문제의 심각성을 과학적으로 충분히 인지하면서도 당면한 경제 이득 때문에 외양으로는 거절하는 많은 자본주의자 때문에 더 심각해진다. 심지어 화석연료와 관계된 기관이 기후와 환경 관련 단체나 과학연구기관에 연구비 형태로 후원하면서, 환경 단체 지도자나 과학자들을 영리 추구에 눈이 멀어 지구 안전성과 타 생물의 이익에 눈감아버리게 하기도 한다. 과학자들은 다양한 영역에서 지구의 지속가능성을 위해 발안해야 하고, 인문사회학자는 인류의 경제, 정치, 사회적 행태의 상관관계를 연구하여 미래를 위한 새로운 생활방식을 창안하여 위기의 시대에 대처하는 것이 급선무이다.

포스트코로나 시대의 전망

인간의 기술중심과 성장지상주의는 기후위기로 끝나지 않았다. 현대인을 병들게 하고 이동의 자유를 제한하는 코로나바이러스의 발발은 주변의 다른 생명을 경시하고 약탈하거나 도구화해온 인간에게 원인이 있다. 현대 기후위기가 인간 기술과 자연자원 남용의 결과라면, 코로나바이러스 발발은 무분별한 포획과 약탈을 기반으로 하는 인간과 타자의 생태적 위계질서 관계의 결과이다.

현재 포스트코로나 시대에 대안을 제시하는 여러 도서를 살펴보면, 많은 수가 인류 위기에 대한 충분한 성찰보다, 인간과 기술 중심적으로 대처하고 있음을 알 수 있다. 일부 제안자는 포스트코로나 시대에는 인간이 자연을 더 적절히 통제할 수 있으리라는 희망을 품게 한다. 이들은 생태근대주의처럼 기술로 코로나 위기를 해결할 수 있으며, 생활 모드도 점차 재택근무(remote work), 원격 교육 등을 통해 해결될 것으로 전망한다. 한 예로 마크 칼슨은 힘들게 코로나를 이기면 맞이하게 될 희망적 세계를 암시하려고 서구가 어떻게 흑사병을 이겨내고 이후 르

네상스라는 문화의 꽃을 피우게 되었는지 설명한다. 설명에 의하면, 1347년과 1351년에 창궐한 흑사병은 유럽 인구 3분의 1을 죽음으로 몰았지만, 칼슨은 이 "생물학적 재앙을 겪은 후 유럽인은 새로운 시대의 선구자가 되었다."라고 말한다. 상류계층에서는 유산을 남긴 사람들이 많아서 남은 이들이 "흥청망청 소비"에 빠지고 "부자들은 은과 금실로 수놓은 비단에 탐닉"했다. 그런가 하면 중산층은 리넨으로 만든 옷에 매료되었는데, 당시에는 리넨으로 종이를 만들었다. 일꾼들은 집집마다 방문해 넝마가 된 리넨을 주워 모아 '넝마종이(rag paper)'를 만들었다. 이렇게 다량 생산된 '넝마종이'로 책을 만들려고 했지만, 이미 많은 출판인은 흑사병으로 사라지고 없었다. 그래서 독일 마인츠의 구텐베르크가 1452년 활자를 개발하고 결국 르네상스를 일으키게 되었다는 것이다. 결론적으로는, 인간의 능력을 믿는 사람들에게 "인간은 오늘날 여전히 배우고 있고, 재앙을 알고 이해하려는 인간의 필요는 사회변혁과 증진의 가장 중요한 촉매제 중의 하나"였다고 말한다.

코로나 확산을 경험하고도 기술에 의존해 포스트코로나 시대의 밝은 미래를 전망을 하는 것은 인류세의 위기에 대한 성찰 결여이며 인간 기술에 대한 맹신이기도 하다. 소아 신경외과 의사인 라민 에스칸다리(Ramin Eskandari)는 온라인 등 기술발전으로 인해 "원격의료(telemedicine), 비디오 방문, 가상의료케어의 세계가 주류 소비자의 각광을 받았다."면서 "포스트팬데믹 의료케어

체계의 전망은 열린 마음과 기술의 맥박에 손가락을 대고 있는 사람에게는 매우 긍정적이다."라고 단언한다.

코로나바이러스의 발발로 야기된 위기에 대한 전망 가운데 또 하나는 성찰은커녕 국수적 차원으로 환원해서 국가적 경계선을 확고하게 세우고 더 보수적으로 바뀌며, 타자에 대한 의심을 강화하는 쪽이다. 제이슨 쉔커는 바이러스의 근원지를 중국 우한으로 확고하게 믿으면서 국가적 보상-위기의 시대와 인문학을 운운한다. 그런가 하면, 이번에는 의도적이 아니었을지라도 미래를 대비해야 한다고 권고한다. 왜냐하면 "다음번에, 우리가 목표물일 수" 있기 때문이다. 그는 "앞으로 수년간 국가 안보의 미래는 코로나19 팬데믹 같은 사건들의 맨끝을 위한 전략적 준비를 증진시키는 데" 달려 있다고 말한다.

아직 지구온난화에 대처할 방법도 모색하지 못한 가운데 엎친 데 덮친 격으로 코로나바이러스가 닥쳤다. 바이러스의 침공은 인류세가 초래한 온갖 폐해와 재앙을 탈피할 행동과 사고를 성찰하는 계기를 주어야 하지만, 오히려 국가 간의 경계, 사람 간의 경계를 공고히 구축하는 방향으로 우리 사회를 변모시킬 조짐조차 보인다. 이러한 위기의 시대 인문학, 특히 세분하여, 철학의 나아가야 할 길은 무엇인지 생각해볼 필요가 있다.

인류세를 논하는 과학자, 인문사회학자는 기존의 시장경제 체제와 정치경제학의 영역은 완신세의 산물이기 때문에 지구온난화로 초래된 인류세의 문제해결은 새로운 사고방식을 요구한다고 본다. 인간과 자연을 이분법적으로 분리하는 사고의 틀을 극복하고 인간과 자연의 불가분적 관계를 설정해야 하며, 인간과 비인간의 확실한 위계적 분리도 지양되어야 한다고 본다. 인도와 뉴질랜드에서는 강과 산이 법적 주체(legal subjects)로 간주되기도 한다. 인간 사회에서만 통용되는 것이 정의가 아니라 지구에 속한 모든 존재를 위한 지구적 정의(planetary justice)로 확장해야만 한다. 사회과학적 차원에서 기후문제는 국가, 계급, 젠더의 측면에서 또 각 국가의 관계에서 사회현실과 연결되는 담론을 생성한다.

이제 현대철학이 기후문제로 대변되는 생태문제에 어떻게 대처하고 있는지 살피고 현대철학의 앞으로 나아가야 할 바를 파악해보기로 한다.

펠릭스 가타리와 생태철학

일부 생태과학자는 철학이 완신세의 산물이고 그 상황에 익숙해져서 인류세의 문제를 파악하지 못하거나 경시하고 있다고 본다. 이런 과학자들의 편견은 펠릭스 가타리에 의해 깨어진다. 가타리는 세계자본주의의 치하에서 소외되는 것은 사람만이 아니며, 자연 또한 약탈당하고 억압되었다고 본다. 가타리에 의하면, "지구는 집요한 기술-과학적 변화들의 시대를 거치고 있다. 어떤 치유가 발견되지 않는다면, 이것이 생성하고 있는 생태학적 불균형이 지구의 표면 위에서의 생명의 영속을 궁극적으로 위협할 것"이라고 지적한다. 가타리는 생태학자처럼 정치적 집단이나 국가의 행정부는 이 지구적 문제를 해결할 수 없다고 본다. 가타리는 환경, 사회적 관계와 인간이라는 세 가지 생태학적 차원 사이의 "윤리적-정치적 발화"를 생태철학(ecosophy)이라고 부른다. 가타리는 포스트-매체적 포스트-산업적 새로운 시대의 문제들이, 달리 말해 인류세의 모든 문제가, 기존의 젠더 이분법, 계급 이분법, 국가 간의 틀 안에서 해결되지 않는다고 본다. 생태학자들이 인류세의 문제해결을 위해 지구적 정의, 환경적 정의 같은 새로운 참조 틀이 필요하다고 하였듯이, 가타리는 새 시대의 문제에는 새로운 주체가 필요하다고 본다. 가타리에게 새로운 주체는 인간과 비인간, 남녀 젠더 등 다양한 영역을 횡단적으로 자유롭게 아우르며 생산적인 욕망의 기계를 거스르지 않는 주체의 생성을 의미한다.

가타리 철학이 생태 보존에 기여하는 양상은 그의 철학이 경계가 지어진 단체나 개인을 넘어서 모든 우주의 요소가 화합하는 케이오스모시스(chaosmosis)를 강조하는 것에서 발견된다. 가타리는 가속화되어가는 주체의 안과 밖의 상황에서 등장하는 심각한 소외, 약탈 및 억압과 관련하여, 이런 복잡한 관계들을, 그것이 정신적이나 도덕적이건 정치적이건 간에, 자연스런 생태학적 흐름으로 돌려놓으려고 한다. 가타리에 의하면, "새로운 생태학적 이슈들이 파열과 탈중심화, 득이화의 과징과 다양한 반목들의 문맥에서 갑자기 등장"한다. 생태, 사회적 관계 그리고 인간이 복잡하게 얽혀져 있는 케이오스모시스 안에 모든 요소는 리좀처럼 얽혀서 어느 하나의 정체성이나 개체성으로 파악되지 않고 다수의 문맥에서 모든 이슈가 재구성된다. 가타리에게 끊임없이 민주주의를 재창안하고 재건하는 과정은 개인이건, 집단이건, "모든 차원에서, 주체 생산의 요건들이 무엇인가를 각 심급에서 찾아보는 것의 문제"이다. 프랑코 '비포' 베라르디는 이 생태, 사회적 관계와 인간이 어우러진 우주인 '케이오스모시스(chaosmosis)'를 혼돈(chaos)으로부터 구분하여 일종의 '윤리적-예술적' 차원으로 정의하고, 이 안에서 모든 것들이 서로 공존하고 침범하지 않으며 지배하지 않고 함께 아우르는 것을 강조한다. 베라르디의 케이오스모시스에 대한 시각은 가타리와 들뢰즈의 말, "예술은 혼돈이 아니라, 조이스가 말하는 것처럼, 하나의 케이오스모시스, 미리 예견되지도, 미리 생각해보지도 않은—하나의 차분한 혼돈(a composed chaos)을 만들기 위해, 하나의 시각 혹은 감성을 만들어내는, 혼돈의 구성이다."에서 나온 것이다. 이런 맥락에서 모든 아름다운 것은 진리라는 존 키츠의 시각도 가능한 것이다. 인간은 항상 자기만의 오류로 가득한 '견해'를 가지려 하기 때문에 케이오스모시스의 조화로운 구성을 깨뜨리고 진짜 혼돈으로 온 우주를 밀어넣으려 하는 것이다.

가타리는 들뢰즈와 지구에 대해 언급하면서, 지구는 정복되어야 할 대상이 아니라면서 모두가 자신의 영역으로 영토화한 것을 탈영토화할 것을 촉구한다. 가타리에게 대지는 나를 초월하고, 나의 인위적 경계 설정을 넘어서서 타자에게 뻗게 탈영토화하는 기제이다. 두 철학자는 그들이 생을 마감하기 얼마 전 그들의 철학적 혼돈의 투쟁을 바로 기존의 데카르트적 주체가 아닌 진정한 '주체-되기(becoming-subject)'의 관점에서 생각한다. 가타리에게 이런 주체의 정신은 항상 그가 사는 사회체는 물론 환경과의 관계도 생각하여 끊임없이 주체 밖의 타자에게, '다른 곳'을 향해 열려 있다. 가타리의 대지는 "집단으로 그들의 영역을 떠나는 사람들의 움직임과 합류하고, 물 밑에서 줄지어 움직이는 가재[라는 생물체]와는 물론, 천상을 향해 [속세를 떠나는] 탈주선을 타고 있는 순례자들 혹은 기사들과도 합류"한다. 가타리에게 대지의 탈영토화 속성은 "우리가 변화하는 가치의 우주들과 양립할 방법으로 그것을 만들고, 포착하고 풍부하게 만들고 영원히 재창안하게" 한다. 이런 과정에서 대지는 주체가 화석화되고 좁은 자기의 영역에 줄짓고 지도를 만드는 일에서 해방하므로, 그것에 영감을 받은 모든 인간은 "지평선에 떠오르는 야만주의의 시련, 정신적 폭발과 혼돈의 발작들을 막아야" 한다. 가타리의 생태철학적 사고는 우리 인간은 자신이 남긴 탄소 발자취들을 최소화하고 모든 인간 아닌 생물들과 어우러지는 케이오스모시스적 우주의 구현을 위해 끊임없이 주변의 생태적 환경, 사회적 환경 그리고 인간의 환경을 개신하도록 우리의 인식을 인간중심에서 타자중심적으로 전환하기를 요구한다.

가타리의 생태철학은 어떤 생태적 조직이나 기관보다 사회에 대해 우리가 실험하고 시도하는 새로운 형태의 감각과 자세들을 강조한다. 가타리에게는 이제 오로지 같은 상황에서 같이 경험을 공감하고 억압적 환경을 극복하려는 '사람집단(mass of people)' 혹은 집합소(grupuscules)들이 중요하다. 이 집합소들은 항상 고착되어 있지 않고 환경에 따라 탈주하고 서로를 횡단하여 오로지 모든 생명체를 압박하지 않고 아우르는 "비스듬한(diagonal) 연결을 다수화시키는 머리 없는(acephalous), 횡단적(transversal) 조직들"이어서 위계질서적이고 수직적 층위의 종속된 그룹과 대항한다. 가타리는 이런 혁명적 과정을 이 세상의 무수한 다양한 분자(molecular)들에 의한 혁명인 분자혁명(molecular revolution)이라 부른다. 인류세의 생태적 과학자들은 인간과 자연의 이분법도 지양할 정도로 인간 자체가 이 지구의 무수한 대상물들과 불가분으로 연결되어 있음을 강조한다. 저개발국가에서 탄소배출권을 확보하여 끊임없이 이윤을 획득하는 제1세계 다국적 기업이 존재하는 한 위험에서 출구를 찾을 길이 없다. 코로나 시대를 맞이해 모든 국가의 차량 판매가 줄고 자동차 제조사들이 큰 타격을 입을 때, 테슬라만 이익을 본 것은 전기차 판매 때문이 아니라 다른 회사가 필요로 하는 탄소배출권을 팔았기 때문이다. 이런 차원에서 인류세의 환경운동은 더욱 가타리의 분자혁명에 의거할 필요가 있다.

주체 개념의 초월과 에코페미니즘

가타리는 인류세가 초래한 문제해결을 위해서는 기존의 주체 개념을 초월해야 한다고 보았다. 기존의 주체 개념은 인본중심주의여서 동물이나 비동물인 타자를 대변하지 못하기 때문이다. 개인적이고 인간적인 주체 대신에 가타리가 제시한 집합소 개념은 어떤 정치적 사회적 상황에서 함께 억압받고 따라서 함께 해방을 위해 저항하는 다수적 단위의 개념이다. 가타리는 이런 집합소들이 처한 상황도 복수적으로 리좀처럼 엮어 있기에 그 다수성의 상황을 대변하려는 차원을 새로운 개념, 케이오스모시스로 접근하였다. 이 개념도 역시 근대의 프로젝트가 한계를 설정하여 그 한계 바깥의 존재들을 배제하는 기존의 재현 방법을 거부하고 복수성의 상황이 어울려져서 하모니를 이루는 방법을 강조하기 때문이다.

이렇게 현대철학은 기존의 데카르트적 주체 개념과 의식 중심적 철학을 극복하고자 한다. 최근의 철학의 한 주류는 주체의 대상인 객체 혹은 사물을 더 강조하여서 신물질주의(new materialism) 담론을 펼친다. 또한 객체 중에서도 우리 눈에 감지되지 않지만, 친생태계적 방향으로 유도되지 않으면 커다란 재앙을 일으킬 눈에 안 보이는 중요한 요소들을 '초객체(hyperobjects)'라고 명명하면서 주체의 바깥에서 주체와 밀접한 영향을 미치는 영역들에 관심을 기울인다. 이렇게 객체를 강조하는 신물질주의 철학가들은 데리다처럼 기존의 법이나 개념은 언어에 의해 사회적으로 구성된 것에 지나지 않으며, 본질적으로 진리는 재현될 수 없으며, 언어들의 차연 속에서 그 흔적만 발견될 뿐이라는 해체론적 입장을 거부한다. 그들은 해체론은 모든 것을 텍스트로 환원시키기 때문에 특히 생태계적 현실을 대변할 수 없다고 비판한다.

그러나 데리다는 어느 날 샤워를 하고 나온 후 자신을 쳐다보는 애완 고양이를 보면서 동물의 응시에 큰 의미를 주었다. 데리다는 지금까지 인간은 인본주의적 사고로 동물을 비하하고 그들의 세계를 경시하는 잘못을 저질렀음을 인정하게 된다. 데리다는 이전에도 데카르트적 주체 사상에 입각한 이성중심주의(logocentrism)와 권력을 가진 남근중심주의(phallogocentrism)를 비판하였지만, 더 나아가서 동물을 경시하고 인간의 탐욕만을 강조하는 사회를 '육식-남근중심주의(carno-phallogocentrism)'이라 칭하며, 동물을 희생시키고 '잘 먹기'에 탐닉한 인간중심사회를 비판하였다. 데리다의 해체론이 앞으로 생태를 중시하며 인간의 탐욕을 극복할 기제가 될 수 있는 것은 그가 제시한 선물 개념이다. 데리다는 인간이 경제적 계산을 고려하지 않고 무조건적으로 타인에게 줄 수 있는 선물을 강조하였다. 또한 집에 오는 손님을 환대하는 점에 있어서도 손님 혹은 인간 주체에게 모든 타자에 대해 계산을 초월하여 환대하는 환대의 개념을 강조하였다. 데리다에게 경제, 즉 그 어원에서 드러나듯이, 가정을 위해 잘 운영하는 경제 개념은 이제 극복되어야 할 영역이다. 이제는 집이 아닌 더 큰 세계인 우주, 나와 가족만이 아닌 타자를 환대하고 이들에게 경제적 계산을 초월하여 무조건적으로 환대하는 것의 필요성을 강조한다. 일부 생태학자들은 데리다의 이런 입장이 실패한 현재 대신에 미래의 시간을 강조하는 정치적으로 피동적인 메시아주의라고 비난한다. 즉 현재 대신에 '도래할 미래'을 위하고 현재의 실패한 민주주의가 아니라 '도래할 민주주의'라는 데리다의 개념들은 실질적으로 고통스러워하는 현재 시간의 존재들을 대변하지 못한다고 비판한다. 그러나 데리다의 해체론은 생태학이나 현재의 기업중심주의자들의 자기 변호의 논리에서 핵심이 되는 개인중심주의와 인간, 주권 등 모든 제한된 개념이나 입장을 해체하여 그 개념 바깥에서 진정으로 억압당하는 타자들을 다 포용하는 목표를 성취함에 있어서 반드시 필요한 철학이다.

생태학도 인간이 아닌 생태를 변호하는 점에서 무조건적으로 옳은 입장을 가지는 것이 아니다. 생태학이 지나치게 인간과 자연의 이분법을 이용하여 자연을 전체화하고 비자연적인 것을 억압한다면 그런 전체주의적 시도는 해체론에 의해 잘 비판되어 자신의 결함을 극복할 수 있다. 데리다의 해체론은 생태학 중에서도 심층생태학의 이분법적 논리의 해체에 중요한 이론틀이 된다. 예를 들어, 자연을 대변한다는 생태학의 입장들에서도 이런 해체론적 시각에 입각해 자신의 이론적 입장을 성찰하지 않으면 자연을 진정으로 대변할 수 없다. 이 시점에서 생태학의 입장들을 살펴보면서 이분법적 논리의 해체의 필요성을 증명하기로 한다. 노엘 스터전(Noel Sturgen)에 의하면, 에코페미니즘의 창시자, 이네스트라 킹(Ynestra King)이 '제3물결 여성운동'(260)이라고 부른 에코페미니즘의 특징은 다른 생태학과 달리, 계급적 억압은 물론 인종적, 성차적 억압을 환경적 착취와 연결시킨다. 카렌 워렌(Karen J. Warren)은 에코페미니즘이 이런 다양한 형태의 억압을 어느 하나 무시하지 않고 서로 연결시켜간다는 점에서 '생태학적 페미니즘의 조각이불'이라는 은유를 썼다.

그러나 에코페미니즘도 두 개의 경향으로 나뉘어진다. 에코페미니즘 안에는 발 플럼우드(Val Plumwood)와 반디나 쉬바(Vandina Shiva) 같이 여성이 처한 역사적 현실을 구체적으로 논의하여, 각 계급 혹은 문화의 차이로 인해 생기는 여성 현실의 차이적 양상을 강조하는 그룹이 있다. 또한 심층생태학이 하는 바와 같이 여성과 자연을 동일시하여, 남성가부장제와 서구중심의 합리주의에 대한 대안 체제로 대지의 여신, 가이아 전통의 체제를 운운하거나, 서구문화의 타자인 인디언 문화 등을 강조하는 그룹이 있다. 먼저 여성 억압의 사회적 양상을 강조하는 전자의 그룹을 살펴보면, 반디나 쉬바는 서구문명 주도의 물질 및 과학만능 사회에 의해 억압받는 자연과 제3세계의 여성이 받는 고통과 그 고통에 대한 저항을 강조한다. 쉬바는 자연 착취의 도구들의 효율성을 극대화하면서 서구식민주의의 이윤을 극대화하는 "개발"의 개념이 서구사회에는 복지를, 제3세계에는 가난을 가져다주는 주범이라고 지목하였다. 쉬바는 개발중심의 산업주의적 사고는 제3세계의 지역적 경제를 무시하여 지역경제가 파탄에 빠지게 하면서, 자신들의 소비재 생산문화를 위해 다른 약소국가들의 자원을 빼내가고, 신생독립국가들이 '내적 식민지 국가(internal colonies)'들이 되게 한다고 비난하였다. 쉬바는 이런 개발 개념에 입각한 경제성장은 새로운 형태의 식민주의이며, 강대국이 진정으로 생존을 위해 (자연적) 자원을 필요로 하는 나라에서 자원을 착취해가고 있음을 비난하였다. 쉬바는 이런 식민지 정책은 오랫동안 여성들을 억압하고 기술 습득 과정에서 배제하였기 때문에 땅 소유, 고용에의 접근을 어렵게 만들 정도로 심각하게 여성 억압적임을 폭로하였다. 쉬바는 가부장제도적 사고는 파괴를 '발달'로, 생명(삶)의 재생산을 수동성으로 보는 파편화되고 단선적인 논리를 통해, "삶의 그물" 속에 있는 관계로부터 일어나는 살아있는 힘들을 파괴하고 그 관계들의 다양성을 파괴함으로써 여성 원리를 사멸시킨다고 본다.

에코페미니즘의 두 번째 그룹으로 우선 수전 그리핀(Susan Gfriffin)의 입장이 특징적이다. 그리핀은 여성 억압의 주체인 서구문명이 문명과 자연의 이분법을 강조하여서, 여성을 과학의 영역에서 밀어냈다고 비난한다. 따라서 그녀는 인류의 문화가 두 개로 쪼개진 문화임을 개탄하면서, 서양문명이 천시한 여성의 문화를 부각하고, 특히 과학의 발달로 신비주의로 몰린 샤머니즘이나 마녀의 의식을 다시 부각한다. 또한 그녀는 과학에 의해 억압된 자연에서 잃어버린 자신을 발견할 것을 권고하면서, 특히 자연과 여자의 일이 중요시되지 않은 채, 여성은 모성애(motherhood)라는 허구적 기제로 가치 절하된 여성의 일만을 강요당한다고 본다. 수전 그리핀은 '쪼개진 문화'를 양산하는 서구문명이 16세기 과학의 출현과 더불어 종교재판, 마녀화형 및 노예매매에까지 이어진 것을 비판하면서, 인종주의의 원흉임을 지적한다.

이런 타자적 요소를 강조하는 에코페미니스트에 반대하는 사람은 철학적 배경을 가진 발 플럼우드이다. 플럼우드는 이성이 아니라 동물, 물질, 자연으로서의 나, 즉 자연으로서 말하는 여성을 강조하는 그리핀의 생각은 철학자 자신이 타자를 위해 말을 한다는 생각에 입각한다고 본다. 플럼우드는 이런 입장이 타자를 대변하기보다 그를 "침묵시키기 내지 동화시키기의 형태"라고 본다. 플럼우드는 우리가 타자들을 해석할 수 있을 뿐이며, 그들과 일치되거나 그들을 위해서 말한다는 생각은 오만한 생각이라고 본다. 플럼우드는 여성은 이렇게 모든 여성으로 확장될 수 없으며, 자연을 위해 말하기 위해서는 다양한 때로는 상반적인 기초들을 필요로 하기 때문에 자연 대신에 말할 수 없고 자연의 고통과 기쁨의 해석자일 뿐이라는 것이다. 플럼우드는 자신이 확장되어 타자의 정체성을 취한다는 이런 그리핀의 생각은 실제적 억압자들의 상황을 규명하고 분석하는 일을 얼버무리는 행위라고 본다. 이런 플럼우드의 비판은 진정한 에코페미니스트의 작업이 각 억압 주체들이 역사나 어떤 특정한 상황에 속해있음(locatedness)을 살리는 일에 있다고 보는 데서 온다. 플럼우드는 유럽중심주의와 인종중심주의(ethnocentrism)를 극복하는 것은 모든 문화적 위치들을 버리거나 포기하는 것이 아니라, 오히려 이런 위치들을 더 명확한 용어로 강조하고 그것의 사회 · 역사적 상황을 깊게 탐구하는 것이라고 보았다.

타자를 대변하는 생태학 안에서도 이렇게 여성에 대한 입장에 다양한 시각이 존재하여 서로 상충하는 담론을 생성하고 있다. 이런 복잡한 상황에서 데리다의 시각은 여성이나 자연이라는 개념이 본질적으로 주어진 실체가 있는 개념이라기보다 사회적으로 구성된 산물이라는 점을 부각하는 데 도움이 된다. 해체론적 철학의 경향은 앞으로 생태를 비롯한 위기의 시대에 인문학자들에게 도움이 될 중요한 참조틀이 된다. 해체론은 단순한 기존의 이분법이나 그것에 기초한 개념의 해체가 아니라 생태적으로 인간중심적인 기제나 제도의 자기중심주의적 혹은 인간중심주의적 사고의 해체에 중요한 이론적 수단이 된다. 특히 데리다의 자가면역 개념은 이런 기관이나 국가가 자기를 보호한다고 하는 정책이나 제도가 인간의 면역 능력처럼 지나치게 강하게 작용하여 자기 세포에까지 면역반응을 일으키는 자가면역을 겪게 되어 스스로 다치게 한다는 것을 강조한다. 앞으로 인문학자들은 기존의 인문과학과 과학의 이분법을 극복하고 과학자와 머리를 맞대어 인간적 제도가 가지는 자가면역 기능을 살피고 그런 제도를 극복하는 데 기여해야 할 것이다. 이런 해체론적 철학과 가타리의 생태철학을 통해 인문학자들은 우리 생태계의 먼 과거(deep past)로부터 온 생태계가 먼 미래(deep future)에도 연결되는 생태의 시간 속에서 존재하는 것을 생태 파괴자들에게 혹은 생태의 위기를 거부하는 자들에게 일깨워주어야 할 것이다.

결론적으로 인문학자는 우리 인간이 자기중심적으로 생태를 유용하고 파괴하며 살아가서는 안 된다는 것을 각성시킨다. 또 만물과의 관계 속에서 현재는 물론 미래에 대한 배려를 지속적으로 생각해야 할 당위성을 피력한다. 결론적으로, 인문학자는 이런 위기의 시대에 대두되는 생태의 '지속가능성'의 논쟁에서 더욱 인문학적 사고로 과학자들과 연합하여 생태계의 위기 극복에 참여해야 할 것이다.

레이첼 카슨, 김은령 옮김, 《침묵의 봄》, 에코리브르, 2011.

이화형

경희대학교 한국어학과 고황명예교수이다. 경희대학교에서 국어국문학을 전공하고 동 대학원에서 박사학위를 받았다. 국문학에서 학문의 폭을 넓혀 한국문화 전반에 관한 연구를 해왔다. 《한국문화의 힘, 휴머니즘》을 비롯하여 50여 권의 저서가 있다. 특히 전통 여성부터 현대 여성에 이르기까지의 여성사를 통합적 시각으로 바라보고 새롭게 의미를 부여하고 있으며 《여성, 역사 속의 주체적인 삶》 등의 저서를 출간했다. 기생 연구에도 지속적인 관심을 갖고 《꽃이라 부르지 마라》 등의 저서를 내놓았다.

김동현

경희대학교 글로벌 류큐 오키나와 연구소 연구원. 문학평론가. 제주대학교 국문과를 졸업하고 한신대학교 문예창작대학원에서 석사학위를, 국민대학교 대학원에서 〈로컬리티의 발견과 내부식민지로서의 '제주'〉로 박사학위를 받았다. 2016년 《리토피아》에 문학평론을 발표하면서 문학평론가로 활동하고 있다. 제주와 오키나와를 시야에 두고 동아시아의 식민과 냉전의 문제를 연구하고 있다. 저서로는 《제주, 우리 안의 식민지》 《욕망의 섬, 비통의 언어》 《김시종, 재일의 중력과 지평의 사상》(공저) 《김석범×김시종-4·3항쟁과 평화적 통일독립》(공저) 등이 있다.

박찬욱

경희대학교 중국어학과 교수. 경희대학교 중어중문학과를 졸업하고 연세대학교 중어중문학과에서 석사학위를 받은 뒤 난징대학교 중국언어문학과(南京大學 中國語言文學係)에서 박사학위를 받았다. 사회언어학, 대화분석, 화용론, 상호작용과 어법, 외국어교육 등에 관심을 두고 연구하고 있다. 주요 논문으로는 〈중국어 상호작용 속에서의 '是嗎' 연구〉〈상호작용 관점에서의 언어 단위에 대한 고찰과 교육적 의의〉〈한·중영화제 수상 소감에 대한 화용론적 분석〉〈문화와 언어에 대한 교육상의 문제의식에 관하여〉 등이 있다. 저서로는 《코퍼스를 활용한 중국어 연구》(공저)《중국어교육과 상호작용》《리얼 중국어 1, 2》가 있고, 역서로 《최신 언어이론과 중국어연구》(공역)《중국어 화용론의 이해》《당대사회언어학》 등이 있다.

신명아

경희대학교 글로벌커뮤니케이션학부 영미문화전공 교수. 정신분석 및 문화비평가. 2005년 영미문학연구회 공동대표, 2012년 라캉과 현대정신분석학회 회장, 2015년 한국 비평이론학회 회장을 역임하였다. 현재 한국가톨릭교수협의회 경희대학교 대표이다. 경희대학교 문리과대학 영문학과를 졸업하고 미국 노스다코타대학교에서 영문학 석사, 미국 게인즈빌 소재 플로리다대학교에서 영문학박사 학위를 취득하였다. 1999년 조선일보에 인문학 옹호 칼럼을 썼고 2002년 《월간 미술》에 〈라캉의 시각예술론〉을 게재하여 라캉의 정신분석을 대중에 소개하였다. 대만, 일본, 중국, 싱가포르, 사이프러스, 포르투갈의 포루토에서 개최된 학술대회에서 프로이트, 라캉, 들뢰즈 등의 비평이론가들에 대해 발표했다. 저서로는 국내에서 공저로 출판된 《페미니즘, 어제와 오늘》《라깡의 재탄생》《젠더를 말한다》《20세기 미국소설의 이해》《라깡, 사유의 모험》《우리 시대의 욕망읽기》와 《현대철학의 종교적 전회: 벤야민, 데리다, 레비나스, 아감벤, 지젝, 들뢰즈와 가타리》(근간)가 있고, 해외에서 출판된 Reconsidering Social Identification: Race, Gender, Calss and Caste(Abdul R. JanMohamed, 2011)가 있다. 역서로 《윌리엄 포크너: 현실과 피안을 넘나드는 예술가》, 2006년도 대한민국 학술원 우수도서로 선정된 《독자로 돌아가기: 신비평에서 포스트모던 비평까지》와 《라깡정신분석사전》(공역) 등이 있다.

이선웅

경희대학교 한국어학과 및 동 대학원 국제한국언어문화학과 교수. 서울대학교 국어국문학과와 동 대학원을 졸업하고 충남대학교 교수를 역임하였다. 주전공은 한국어 문법론이고 근래에는 한국어교육 및 응용언어학으로 관심 분야를 넓히고 있다. 주요 논문으로는 〈한국어 명사류어의 명사성 검증〉〈통사 단위 '절'에 대하여〉〈문장성분으로서의 주제어〉〈한국어 보어의 개념과 범위〉〈한글 맞춤법의 원리에 대한 재고찰〉 등이 있다. 저서로는 《국어 명사의 논항구조 연구》 《한국어 문법론의 개념어 연구》 《한국어 문법 총론 Ⅰ, Ⅱ》(공저) 《한국어 정서법》 《한국어 어휘 교육론》(공저) 《한국어학 개론》 등이 있다.

이수연

경희대학교 중국어학과 강사. 경희대학교 글로벌 류큐 오키나와 연구소 연구원. 중국 현대문학 및 문화 전공, 경희대학교 대학원에서 〈베이징 공간 재현의 변천 양상 연구〉로 박사학위를 받았다. 주요 논문으로는 〈'경미(京味)' 서사 영화의 '아(雅)'와 '속(俗)'〉 〈허상 공간에서의 '베이피아오(北漂)'의 실재 로맨스-영화 〈먼 훗날 우리(后来的我们)〉〉 등이 있다.

이재훈

경희대학교 일본어학과 객원교수. 경희대학교 일어일문학과를 졸업하고, 동 대학원에서 석박사학위를 받았다. 전공은 일본근세문학으로 쓰시마번의 종가문서를 활용하여 조선 후기 통신사를 입체적으로 재현하는 데에 관심이 있다. 주요 논문으로는 〈기해사행의 당상역관-대마도 종가문서에서 등장양상을 중심으로〉 〈통신사와 화재-화재의 양상과 일본 측의 대비〉 〈호소이 하지메 초역본 《해유록》-그 번역 양상을 중심으로〉 등이 있다.

이창수

경희대학교 일본어학과 교수, 국제지역연구원 일본학연구소장 겸 HK연구사업 공동연구원. 경희대학교 일어일문학과를 졸업하고 동 대학원 일어일문학과에서 석사학위를 받은 뒤, 동 대학원에서 일본상대문학으로 박사학위를 받았다. 주요 논문으로는 〈《古事記》《日本書紀》에 나타난 도코요(常世)〉 〈일본신화의 변용과 체계화-국토창생신화를 중심으로〉 〈일본 마쓰리의 변용을 통해 본 지방창생〉이 있고, 저서로 《세계 속의 일본문학》(공저) 《동해의 재인식과 환동해학의 모색》(공저) 《일본학 연구의 지평과 재조명》(공저) 등이 있다.

이택광

경희대학교 글로벌커뮤니케이션학부 영미문화전공 교수, 문화비평가. 부산대학교 영문학과를 졸업하고, 영국 워릭대학교 대학원 철학과에서 석사학위를 받은 뒤, 셰필드대학교 대학원 영문학과에서 문화이론 박사학위를 받았다. 1999년 《씨네 21》에 글을 발표하면서 본격적인 문화비평을 시작한 이후, 미술, 영화, 대중문화에 대해 글을 쓰는 작가로, 문화평론가로 활동하고 있다. 슬라보예 지젝, 알랭 바디우 등 세계적인 석학들과 교류하며 한국에 이를 소개하여 사고의 지평을 넓히고자 노력한다. 지젝과 함께 〈The Idea of Communism〉 시리즈 세 번째 권을 편집해 출판했다.
저서로 《인상파, 파리를 그리다》 《인문좌파를 위한 이론 가이드》 《무례

한복음: 이택광의 쾌도난마 한국문화 2008~2009》《들뢰즈의 극장에서 그것을 보다》《근대, 그림 속을 거닐다》《중세의 가을에서 거닐다》《한국 문화의 음란한 판타지》 등이 있으며, 역서로《프레드릭 제임슨》《해리 포터, 청바지를 입은 마법사》 등이 있다.

이해미

경희대학교 일본어학과 강사. 경희대학교 동아시아어학과를 졸업하고 동 대학원 일본어학과에서 석박사학위를 받았다. 문학작품 속에서 독자와 커뮤니케이션하려는 작가의 언어적 흔적과 언어에 투영된 일본인의 사상 및 문화 등을 분석하는 데 관심이 있다. 주요 논문으로는 〈한일 지도자의 연설문 분석-코로나 위기 속 신뢰 구축과 협력 촉구를 중심으로〉〈소설과 영화의 신정보 제시 비교-수신자의 시점 컨트롤을 중심으로〉〈언어학적 관점에서 본 시점의 주체자에 관한 고찰-커뮤니케이션 관점을 중심으로〉 등이 있다.

미래의 시대, 인문학이 말하다
—새로운 길의 모색

초판1쇄 발행 2021년 6월 30일
초판2쇄 발행 2022년 1월 4일

지은이 이화형 김동현 박찬욱 신명아 이선웅
이수연 이재훈 이창수 이택광 이해미

책임편집 윤민혜
디자인 정서영

펴낸이 한균태
펴낸곳 경희대학교 출판문화원
주소 서울시 동대문구 경희대로 26
전화 02-961-0106~8, 팩스 02-961-0291
설립 1960년 9월 16일 제5-8호
등록 1977년 11월 8일 제6-5호
홈페이지 www.khupress.com
전자우편 press@khu.ac.kr

ISBN 978-89-8222-698-4 (03800)